新潮文庫

恋愛脳

―男心と女心は、なぜこうもすれ違うのか―

黒川伊保子著

序――男女関係学のススメ

あなたが女性なら、「まったく、男って、どうしてこんなに鈍感で、おばかさんなの!?」と地団太を踏んだことがあると思う。

あなたが男性なら、「女って、何で、こんなことに感情的になるんだろう?」と不思議に思うことがあったはずだ。

男と女の脳は、構造が違っている。このため、ものの見方も感じ方もずいぶん違う。そのせいで、相手に良かれと思ってしたことの多くは裏目に出ているし、男の誠意が女を傷つけたり、女の親切が男をうんざりさせたり、なんてことは日常茶飯事。笑えるくらいにすれ違っている。

なのに、私たち人間には、動物界最大の言語能力があって、共通のことばをしゃべるため、男と女がなんとなく同じようにものを見て、同じように感じているかのように錯覚してしまうのである。

たとえば、「愛している」と言ったとき、男の脳は、「とりあえず繰り返し君のところに帰る（来る）」という約束をしたに過ぎない。女の脳は、24時間、どの瞬間にも自分を最優先してくれる一生分の約束を手に入れたと信じている。もちろん、自分が「愛している」と言えばそうするからである。

女は、たとえ社会的地位が高く、たいへんな責任を全《まっと》うしているキャリアウーマンであっても、恋人や子どもが意識の片隅から消えることはない。仕事への集中力がふと解けた瞬間に、恋人や子どもがどうしているかと案じ、「最優先じゃなくてごめんね」とあやまりながら生きている。意識のある間は、ほぼずっとである。

だから女たちには、男の「仕事の最中は、恋人や家族のことは思い出さなくても当たり前」という論理は到底理解できない。

このため、男が、女を思い出しもせず（連絡もせず）、当然のように仕事や公的な人間関係を優先することにひどく傷つく。傷つきすぎて、普通はなじることとさえ出来ないくらいだ。

我慢に我慢を重ね、あげく、やっとのことで「ひどすぎる。仕事と私とどっちが大事なの？」などと控えめに訴えるのだが、男たちにはこの言われ方、まったくもってぴんとこないのである。経験の浅い男なんか、「おまえ、ばかじゃないのか」みたいに相手にもしない。女は裏切られたと泣き、男は唖然《あぜん》とする。同じような事態が積み重なれば、女は情緒不安定になり、男は憮然《ぶぜん》とすることになる。

やがて、女が健気《けなげ》な決心をして男を捨てるか、男が面倒くさくなって引きまくり、しかたなく女が健気な決心をすることになるか……いずれにしても、傷つくのは、「愛している」を深読みした女のほうである。

男は、正直、ひどい目にあったと思っている。ただ、加害者だったらしいとはうすうす感づいているらしく、かわいそうなことをしたなと、ちょっとは思うらしい。で、「おまえには、おまえらしく生きてほしい。だけど、オレには、そうしてやれなかった。それが悲しい」とか、「次の恋では世界一幸せになってくれよ」とか、女からしたら「だったら、おまえが幸せにしろよ！」と怒鳴ってやりたくなるような、不毛な謝罪を平気で言うのである。まったく、男ときたら、ほんとうに腹が立つ！

でもね、男たちは、自分の何が間違っていたのかわからないのである。だって、「繰り返し君のところに帰る（来る）」と約束して、それを守って暮らしてきたんだものね。

小学生は、小学校へ何の疑いもなく通う。「将来のために必要だ」とか「好きだから」とかいちいち考えない。男の愛は、これに似ている。

小学校のほうも、小学生を裏切らない。どんな小学生でも「きみは、どうも小学校を好きじゃないようなので、今日の給食、きみの分はありません」とは言われない。毎日通えば、毎日教室に席があって、美味《おい》しい給食が食べられる。男が想像する女の愛も、そういうものである。

ところが、女という「小学校」は、男の気持ちを勝手に探る。男たちは思いもよらないことで「誠意がない」と判断されて、席が教室の外にあったり、ひどいときはなかったりするわけだ。女という「小学校」はあんまりである。

こうして、互いの立場を考えると、どっちもかわいそうでしょう？　ひどい側なんて、ないのである。けれど、たいていの男（女）は、「この女（男）がひどかったのだ」と思うだけだ。だから、どちらも、また恋をする。

つまり、男女脳のすれ違いと錯覚が、すべてのロマンスの引き金となっている。男と女には、時空を超えて、すべてを理解しあったかのように思えた晩があったかと思えば、永遠にすれ違ったかのように見える朝もある。でもまぁ、人生は長いので、このすれ違いと錯覚を、運命の恋と呼んで、泣いたり笑ったりするのも悪くないと思うけどね。

けれど、男心と女心の違いを理解したら、かなり人生は楽になる。恋の達人になれる。長年、腐れ縁だと思っていた妻や夫がいとおしく思えてくる。息子や娘の気持ちが読める。職場の若い人たちのモチベーションを上げられる。市場の気持ちも見えてくる。

この世には、男と女がいて、人生の心地よさの多くを、この関係が創《つく》り上げているのである。男女の違いを見つめる男女関係学。ぜひ、人類の必須《ひっす》科目にしてもらいたい。

目次

恋愛脳

——男心と女心は、なぜこうもすれ違うのか

女の気持ち

「私とこうしていて、嬉《うれ》しい？」

私の大好きなひとは、私のこの質問を、今までに何度、受けただろう。最初の何回か、彼は、嬉しそうにこっくりと肯《うなず》いた。そのうち、ちょっとくすぐったそうな顔をして、「さぁ、どうかな？」とか「あなたはどうなの？」とはぐらかすようになった。

甘やかな余韻の中で「さぁ、どうかな？」と最初にやられたときには、私はひどく傷ついて、彼との関係を真剣に後悔したのを覚えている。

ま、よくよく考えたら、オトナの男が定型の肯定を繰り返すのも芸がないと思った、彼なりの演出なのだろうけど、これは余計なお世話である。女は、わかりきった定型の答を、飴玉《あめだま》を舐《な》めるように何度も舌の上で転がして楽しみたいだけなんだから。

女同士なら、「あなたの新しい髪の色、素敵ね」「そう？」なんて会話を、何度でも楽しめる。「あなたの髪、やっぱりいいわね。肌まで綺麗《きれい》に見えるもの」「ふふふ。珍しく、彼も褒めてくれたのよ」というふうに、バリエーションをつけて、何度でも。

したがって、相手の男に飽きないかぎり、女は「好き?」「もちろん、好きだよ」みたいな会話を毎日だってやっていられるのである。

つまり、男は、女から定型の質問を受けているうちは、惚《ほ》れられていると思って間違いない。

ときに男性向けの読み物に「女がホントにイッているかどうかを見分ける方法」なんてばかばかしい記事があるけれど、別に女の背筋の緊張度や、瞳孔《どうこう》の開き具合を確認するほどの大袈裟《おおげさ》なことは必要ないのである。翌朝、「私のこと好き?」「私がいなくなったら寂しい?」「私の卵焼き、美味《おい》しい?」なんて、他愛のない、答が一つしかない定型の質問が出るようなら大丈夫。彼女はちゃんと男に惚れていて、しかも、ちゃんと気持ちいいのである。

ちなみに、今、この本を読んでいるあなたが男性なら、覚えておいた方がいいことがある。女には、この定型応答の「飴玉」をしゃぶっているうちは、何となく相手を快く思ってしまう習性がある。ことばを与えるのを男が面倒くさがると、そのうち、女も何も言わなくなってしまう。そうなると、何となくこの男がどうでもよくなってくるのが、カワイイ女性脳なのである。

欧米の男たちが、自分からパートナーに小まめに声をかけるのは（聞かれなくたってしょっちゅう「愛しているよ」「きれいだよ」と言っているのは）、彼らが日本男性より女好きだからではない。彼らとて男性脳だから、面倒くさいのは山々なのである。けれど、ことばの飴玉を与えておけば、女たちが機嫌よく暮らしてくれるのを知っているから、そうするのだ。

狩猟民族の女たちの自己主張は、農耕民族の女たちの比ではない。パートナーが不機嫌だと、日常が著しく滞る。日本の男性よりもカップル単位で過ごす時間が長い国の男たちは、早くから、ちゃんと心得ているのだ。イタリア男なんか街ぐるみで、街中の女をケアしている。

ちなみに男たちは、「愛してる？」と聞かれたら、自分がいかに愛しているかを答えることに専念した方がいい。間違っても、それを答える前に「きみは？」などと聞いてはいけない。

女はこの命題を常に真剣に考えているので、その状況いかんではその場で、昔の男たちと比較分析しだすかもしれない。女は、昔の男の「良い思い出」と、今の男の「嫌な思い出」を較《くら》べる動物だ。たいていは、今の男が割を食う。

私の大好きなひとは、この地雷をよく踏むのだ。天邪鬼《あまのじゃく》なので、わざと踏む。ひとこと「そうだよ」と言えば三秒で済むところを、我を張って言わないから、三十分も時間を無駄にすることになる。

私は、その展開がわかっていても質問をする。ことばの飴玉を私の女性脳に与えてやらないと、「うっかり」彼への愛着を失ってしまいそうだからだ。うっかり失うには、彼はいい男すぎるのだもの。そうして、四回に三回は憤慨することになる。彼は、憤慨する私の隣で、くだらないことをなぜ聞くのだ、と憮然《ぶぜん》とした顔をする。それでも四回に一個の「飴玉」は、私の女性脳には不可欠だ。もちろん、私自身のためではなく、彼を好きでい続けるためのカンフル剤として、彼のためにね。

そんな彼も、最近は、変わってきた。

「私とこうしていて、嬉しい？」

と質問すると、

「うん、嬉しいよ」

と、大袈裟なジェスチャーで肯くのである。そうしておけば、このくだらない質疑応答が最も早く済んでしまうのだろう、さぁどうだ、と顔には書いてある。

それでも、私はほっとする。ことばの飴玉が欲しいときは、別に男の真意などどうでもいいんだもの。甘い心情でなくていいから、甘いことばが欲しい。女には、そんなときがある。

さて、「私といて嬉しい？」なんて単純な質問が恥ずかしくてできない慎ましい女性たちは、もう少し複雑な「飴玉」を要求する。

男の不誠実を、論理的に突き詰めて、挙句「こんなことじゃ意味がないから、別れた方がいいんじゃないの？」なんて言い放つのも、「きみには降参だよ。機嫌を直してくれないか。これからはきみの言うとおりにするから」という飴玉が欲しくて言うセリフ。

もちろん、「あなたは、私の料理を何十年も黙々と食べているけれど、美味しいんですか、美味しくないんですか」という、熟年離婚申し出のプロローグみたいな妻の一生分の恨み言には、「きみの料理が、ぼくを生かし続けてくれたのだ。仕事で失敗して途方に暮れて、きみの味噌汁《みそしる》で生きていく希望をつないだ日もある。毎日、感謝していたよ。ありがとう」と、一生分の大きな飴玉を渡そう。

男は、女の剣幕に動揺したり、彼女の言い分にひとつずつ言い訳する必要はないのである。はいはい、と飴玉をあげれば、それでお終《しま》い。女がからむということは、まだ愛している証拠なのだから。

女が男に見切りをつけたら、ただ淡々と別れ話を切り出すだけだ。女性脳は結論から始めることが不得意で、夕方大怪我《おおけが》した話をするのに、朝の食卓のシーンから始めたりする、緊急時には「困ったちゃん」だが、不思議なことに、男を見切るときは別である。結論だけ言って、理由を簡潔に述べたきり口《ご》をつぐむ。長い間、結論だけをぶっきらぼうに投げつけてきた男たちは、この期に及んで納得の行く説明を求めるが、どんなになだめてもすかしても、結論から始めた対話文脈では、女からことばを引き出すことは不可能だ。

というわけで、愚痴であれ、ヒステリーであれ、別れの宣告風であれ、女の口数が多ければ「飴玉」のおねだりに過ぎない。簡単なことだ。

けれど、その飴玉をなかなか言えないのが男性脳でもあるんだけどね。男性陣にコツを教えよう。自分の恋人のおねだりに辟易《へきえき》するなら、先に飴玉をあげればいいのである。欧米の男たちみたいに。「愛している」が恥ずかしかったら、「ありがとう」で十分なのだから。

恋人に理屈を言う女なんて、この世に存在しない。ことばの飴玉が欲しくて騒ぐ女性脳があるだけだ。ある女はそれを甘えて欲しがり、ある女は愚痴で訴える。ある女は無関心を装《よそお》い、ある女は理詰めにする。ある女は周り中の男からもらいたがり、ある女は唯一《ゆいいつ》の男からの飴玉にしか興味がない。ある女はちょこちょこもらい、ある女は一生分を一回でもらう。

女の欲しがる「飴玉」は、ことばじゃないことだってある。こちらの小言や指図に男が従うことを「飴玉」にする女もいるし、ひたすら尽くして甘やかし、自分なくしては下着の場所もわからないような自立できない男のだらしなさを「飴玉」にする女もいる。

女の恋愛性格は、この飴玉の欲しがり方の違いに過ぎない、と言ってもいいくらいなのである。

私は小出しに欲しがるほうだが、ときには、「わるかったよ。ごめん、ごめん。いい子だから、機嫌を直しなさい」の全面降伏「味」の大型キャンディが欲しくて、深刻な理屈を並べ立て、最後通牒《つうちょう》を突きつけることがある。このときは、こちらも命がけ。「そうだね、別れようか」と言われた日には、こちらも引けない状態だからだ。

だから、こんなビッグ・キャンディ、手に入れた日は恍惚《こうこつ》としてしまう。何日もひとりで取り出して舐めて、その甘い味を楽しむことができるのだ。

女の気持ちは面白い。男の真意を命がけで問うふりをして、意外にことば遊びを楽しんでいるところがある。ことばが嘘《うそ》だとわかっていても、やりとりが粋《いき》なら許してしまうことだってある。かと思えば、ことばの勢いで彼が野暮な別れを口にしたら、そのまま、すっかり白けて別れてしまうこともあるのである。ことば遊びに命がけ、なのだ。

男は、繰り返し女のもとへ帰る暗黙の誠意を愛と呼び、女は、日々与えてもらうことばの飴玉を愛と呼ぶ。ふたりの間で交わされる「愛の誓い」はまったく違うことなのであり、意味は通じていないに等しい。

ちなみに、女は、ことばをあげるのも愛の行為だと思っている。男性読者のあなた、もしも、家に帰って女房が、今日の取りとめもない出来事を愚痴まじりで語りだしたら、うんざりしている場合じゃない。女房が、今日も自分を愛してくれていることに感謝しよう。

そういえば、ずっとずっと前、大好きなひとに「あなたは、私を愛しているの？　だったら、いつもそれをことばで示してほしい」と涙を浮かべて甘えたら、彼が「最初に、一生、って言ったじゃないか？」と冷静にクレームを付けたことがある。

「へ？」

私は、浸っていたロマンティックからすべりおちて、おかしな声を上げてしまった。

そのずいぶん前、私は彼に「一生、傍にいてあげるね」と、ことばの飴玉をあげたのだ。続けて「あなたは一生、私を好きでいる？」と、自分のための飴玉が欲しくて、そう質問した。彼は、「そうだね、一生。たぶん、そうなるだろう」と応《こた》えたのだった。

そのこと？　と聞いたら、彼は肯いた。ちょっと待って、と、すっかり背筋を伸ばして、私も反論することになる。この朴念仁《ぼくねんじん》ときたら、数学の論理証明じゃあるまいし、最初に「一生、好き」と定義したら、一生有効だと思っているのである。馬鹿《ばか》言っちゃいけない、女にとって、一生愛するという約束は、一生「愛してる」と言い続けるという、お約束だ。サボっちゃダメ。

そう主張しながらも、私は、彼の「そうだね、一生」の返答の重さに、遅ればせながら胸を衝《つ》かれた。こぼれる涙を見せないようにする。四十半ばのオトナの女が、男の誠を何年も経《た》ってやっと理解したなんて、恥ずかしくて見せられやしない。

ということは、と私は、はたと気が付いた。「一生、傍にいてあげるね」って誓った私は、一生分の約束をしちゃったわけ？　あらら。

私の矛先が鈍ったのを見て、彼はにやりと笑って「あなたは一生と言ったのに、よく、最後通牒のメールを寄こすよな」と釘《くぎ》を刺した。

男と女、どちらの愛が深いのかしら。

男の気持ち

「そろそろ、飽きてこない？」

大好きなひとと、プライベートな時間を持つようになって長い年月が過ぎた。ふたりだけのささやかな記念日の朝、彼と並んでコーヒーを飲んでいて、ふと、そんな質問が口をついて出たのだった。

私たちは、どちらも日常の出来事にあまり興味が無いタイプなので、カップルとしてはとても寡黙《かもく》だと思う。私たちに許される、ほんのささやかな時間に、互いにそっと相手に触れながら、ことば少なに一緒にいるだけだ。

日常のほとんどの時間を《概念の彼》と一緒にいるので、彼に触れて、彼が実存の健康な肉体の持ち主であることを確認すると、その度に軽く感動してしまう。彼も同じように、まるで少年のような純な反応をする。

何も起こらない日常。ときどき、相手の実存に感動して強い情動があり、やがて、しみじみと安心する。四十代半ばの、ごく普通の倦怠期《けんたいき》カップルの関係は、このまま永遠に続きそうでもあるし、明日、何もかも無意味になって消えてしまいそうでもある。

けれど、私は、この《恋愛生活》が大好きだ。私は子どもの頃から、ゆっくりと何かをあきらめてゆくような、ゆるやかな下り坂の時間が大好きなのである。季節なら十一月の終わり、枯葉がまばらな街路樹の風景。

さて、そうはいいながら、このひとの気持ちはどうなのだろう、とふと気になって、冒頭の質問「そろそろ、飽きてこない？」である。

「あなたは、飽きたの？」

と聞き返してきた。彼は、必ず、質問に質問を返す。こういうとき、けっして自分で最終回答をしないのである。

「いいえ。あなたが飽きたかしら、と思って」

と、やんわりと質問を押し戻すと、

「飽きた、と言ったら、どうする？」

と、もう一度、質問を返してきた。

私は、ほんの少し考えて、そのとき心に浮かんだことを、そのまま口にした。

「気にしない」

彼は、ははは、と気持ちよさそうに笑って、「オトナになったね」と、私の頰を撫《な》でてくれた。


気にしない。

私のこの答を、彼はとても気に入ってくれたけれど、私自身、実に愉快な気持ちになった。少し前までの私なら、彼のはぐらかすような質問のお返しにいらついただろうし、笑いを含んだような「飽きた、と言ったらどうする？」に至っては「質問をしているのは私よ。はぐらかすのがカッコイイと思ってるわけ？ 子どもじゃあるまいし」と嚙《か》みついていたはずだ。

飽きた、と言ったらどうする？ 彼がそう返したとき、私はうっかり、彼の「実は、飽きたのだよ」という告白シーンをリアルに想像してしまったのだ。で、意外にも私は、自分が気にしないことに気が付いたのである。

そう、気にしない。もしも、彼が、私の質問に油断して「すまないが、飽きたのだ」と告白しても、私は気にしないだろう。気にしないで、来週もデートのおねだりをする。気にしないで、機嫌良く、彼の傍らにい続ける。

なぜなら、男は、共有する時空に飽きたくらいじゃ、その女を嫌いにならないからだ。男性脳は、機能上、「自分の気持ち」にとても鈍感なのである。一度情の通じた仲なら、女が嬉《うれ》しそうに傍にいる限り、男は女を自分からは嫌いにはなれない。

「自分の気持ち」がすべての基軸である女性脳からは、ほんとうにまったく想像を絶するけれど、男性脳は「自分の気持ち」をあまり認識しないまま生きているのである。

傍にいる女が嬉しそうなら、その嬉しさに照らされてしみじみ嬉しい、というのが男性脳だ。女は、嫌いな男が傍に来て、理由もなくニコニコ嬉しそうだったら不気味で不愉快だが、男は違う。そもそも、積極的に嫌う異性の数が、女に較《くら》べて圧倒的に少ないのである。つまり、教養と年齢のかけ離れていない、そこそこの見栄《みば》えの女が、傍にいて嬉しそうなら、男は嬉しい。

嬉しさに誘われて発情すれば、一時的には、この女を心底好きだと思ったりする。彼女が何かで極端に不機嫌になったら、男は困惑して、タフでないときなら一時的に嫌になるかもしれない。けど、一晩ぐっすり寝れば、次の日は耐えられる。耐えられれば、別れるほどのこともない。そうこうするうち、女が機嫌を直して嬉しそうにすれば、男は嬉しい。

以上の繰り返しが、平均的な男の一生である。男がこの永久ループから自発的に抜け出ることはほとんどありえない。他所《よそ》の女によっぽど惚《ほ》れられて、彼女に引きずり出される以外には、ね。それにしたって、また隣の永久ループに入るだけのことなのだけど。

男は、この繰り返しの中で、仕事の手柄や失敗に一喜一憂して、齢《とし》を重ねていく。彼らに積み重なるものは、愛の暮らしではなくて、仕事の実績だ。だから、男は肩書きに固執する。

男の好き嫌いは、こういう状況依存の、そのときどきの「気持ち」なのであって、「なにがあっても、あなたが好き」というような、永続的に貫かれる女の「気持ち」とは、ちょっと違うのである。

たとえば、独身の男女が付き合っていて、女が結婚したがったとしよう。他にめぼしい配偶者候補がいなければ、男は、この女を嫌になった日が、ここ一カ月の過半数を越えなければ結婚できる。男が結婚を決心する理由は、自分の収入が結婚に足るかどうかと、女が機能的に妻に足るかどうかであって、女が思い込むような「運命の赤い糸」ではない。残念ながら。

というわけで、女は、惚れた男の気持ちをあんまり気にすることはないのである。たとえ「飽きた」と言われても、ちっともひるむことはない。

実際、男たちは、毎日家に帰り、毎月生活費を入れ、毎年子どもの誕生日を祝う。自分が飽きたのかどうかなんて、考えもしない。ちょうど、小学生が、何の疑いもなく小学校に通うように。

妻を愛しているかと聞かれれば、よほど非常識な妻を持っていない限り、条件反射で愛していると応《こた》えるが、その妻に「私のどこが好きか具体的に言ってみて」と迫られたら、男は間違いなく困惑するだろう。どこをどう好きか、なんて考えたこともない、考えてもどこにもない、のが男性脳だ。賢い男なら、「もちろん、すべてさ」と言ってあげるのだろうけれど。

結局のところ、男の気持ちというのは、この世に存在しないのである。正確には、女が考えるような「気持ち」は、男の脳には存在しないのだ。私たち女が、いくらでも語れる「今の、自分の気持ち」、今の恋人のどこが好きでどこが嫌いか、今の仕事の何が気に入っていて何に失望しているか、今日一日はいい日だったか悪い日だったか、明日は何が楽しみで何が億劫《おっくう》か、そんなとりとめのないお喋《しゃべ》りのネタになるような「気持ち」は、男性脳には存在しないのである。

したがって、その気持ちを尋ねると、男は困惑する。「私のどこが好き?」「この髪型、似合うと思う?」「私、今日、美人だって言われちゃった。あなた、どう思う?」「仕事と私とどっちが大事?」

こうやって質問を並べてみると、男たちが、「う〜ん」と唸《うな》る声が聞こえるようだ。男に気持ちを尋ねるのは、女に年齢や体重を聞くようなものだ。この世にないもの(あってはいけないもの?)を尋ねられるので、虚を衝《つ》かれて、答えようがないのである。

女たちは、女友達と、しみじみと気持ちを分かち合う会話をする。自分たちが出逢《であ》った意味を語り合い、互いの悲しみを慰撫《いぶ》しあい、互いの幸せを見せ合って、互いにこれから出来ることを誠実に数え上げる。

女は、男とも、そういう会話ができると思いがちだが、そんな会話は男性脳とは永遠にできないと思ったほうがいい。彼らの脳には、その機能がないのだから。

私の大好きなひとも、私の何が気に入って、なにゆえ時空を共有するのか、私が彼の中のどんな悲しさを解消し、彼の中にどんな希望の灯を点《とも》すのか、これからどうやっていたわり合ってゆくのか、何ひとつ、きちんと語ってくれたことがない。あ。でも、そういえば、ずいぶん前に、こんなことを言ったことがあった。

「あなたには、大切なひとが、何人もいるんだね」

私が、会話の中で、私自身の人間関係に「大切なひと」ということばを何度か使ったときだ。私は、答えようがなくて黙っていた。

「私は、人生で、〝大切な〟ということばが似合う人間関係を築いてこなかった。意図的にそうしてきたように思う。たぶん、他者に依存することを潔《いさぎよ》しとしなかったのだろうね」

自分のことなのに、まるで評論家のような、他人事の言いぶりだが、これが、彼の人生において本当に稀有《けう》な「気持ち」の告白だったのだ、と今になって思う。

「私には、黒川伊保子ぐらいだな」

と、彼は、ぼそりと付け加えた。きっと、私の顔に、「そう言って」と書いてあったのだろう。彼は、小さな娘におもちゃを与える父親のような顔をした。

それが、私たちふたりの起点のことばだ。その日から私は、「大切」ということばを、簡単には使えなくなってしまった。

あなたが、大切。男性脳にとっては、一生分の気持ちに違いない。彼の気持ちが遠くに思えて心細い晩も、このことばは、私をしみじみ照らしてくれる。

男は、一生使えることばを、惚れた女に与えるといい。女はことばで癒《いや》される動物だ。幾度も思い出しては、男への愛を追体験してくれる。長い年月を経ると、大粒のダイヤモンドよりずっと効果がある。離婚を考えたとき、結婚指輪の見事さを今更ありがたがって踏みとどまる女はいないけど、遠い日の「あなたは、大切なひと」ということばを思い出したら、ちょっとくじける気がするもの。

オトナの女の必需品

十一歳の息子には、魂の半分を分かち合ったような親友がいる。保育園の一歳児クラスから一緒だったので、彼らは、ものごころ付いたときには寄り添っていたことになる。

彼らは、まったく違う性格なのに、喧嘩《けんか》をしたのを見たことがない。それぞれの欠点を長所に変えてしまうような仲なのだ。ふたりでいると、息子のマイペースぶりは頼もしさに、親友の少年のナイーブなところは思慮深さに変わってしまう。互いに頼り合って相手の意見を聞き合い、おとなとの交渉はちゃっかり者のうちの息子が、子ども同士の争いごとの折衝は兄弟の多い親友の少年が担当している。六歳まで、ふたりは、将来結婚して生涯一緒にいるつもりでいた。

七歳のとき、親友の少年が、息子にこう言っているのを耳にした。彼は、切ないくらいに、ものごとを思いつめるタイプの少年だ。

「ぼくたちはおとなになって、別々に冒険に出るでしょう？　もしも、離れ離れになってしまったら、きみはどうやってぼくを見つけてくれるの？」

息子は、自信たっぷりにこう応《こた》えていた。

「おいらは何があっても、きみを見つけるさ。人工衛星だって、携帯電話だってあるし」

男同士は別々の冒険に出ることに気が付いたんだなぁ、と私は、ちょっと眩《まぶ》しい気持ちで彼らを見ていた。

そんなふたりは、今は大通りを隔てて学区が異なり、隣り合った小学校に通っている。一カ月に一度遊ぶかどうかの間遠な関係だけれど、それでも会えば、寄り添ってブロックの宇宙都市を作っている（もう何年か越しの合同作品が息子のベッドの上にあるのだ。そのお陰で、ここ五年ほど、彼は自分のベッドに寝たことがない）。

さて、こんなふたりなのに、彼らの電話ときたら、実に素っ気無いのである。

あるとき、この少年が「ゆうきくんと遊びたいんだけど、行ってもいいですか？」と電話をかけてきた。息子が遊びに出た後だったので、明日ね、と応えたが、そんなすれ違いが三日続いてしまった。四日目にやっと息子に替わったら、息子は「あ、今日はダメなんだ」と言って、二秒後に切ってしまったのである。

おいおい、と、私は慌《あわ》ててしまった。

「遊びたいけど、今日は約束があってダメなんだ、ごめんね、とか何とか言い様があるでしょう。それじゃ、たくみくんが、かわいそうだよ」

息子は、制服を着替える手を止めて、

「はは〜ん。だから、ママの電話は長いんだね」

と、勝ち誇ったように微笑《ほほえ》んだ。

「いい？　今のおいらのセリフ、聞いてたでしょ？　おいらは、きょうはって言ったんだよ。このはには、『ほんとは遊びたいけど、今日はダメなんだ。ごめんね』が入ってるの。それで、たくみくんには伝わってるよ」

えー、もうたくみくんは遊びにこないかもよ、と反論したが、翌日、当のたくみくんは満面の笑みでやってきた。

息子いわく、「男の電話には目的があって、その目的を目指して、両方でものごとをさっさと整理してゆくんだけど、女にはその気がない」のだそうだ。

「たとえば、会う約束の電話だったとするでしょ？　男が『それでさぁ』と言えば、場所や時間の確認なのに、女の『それでさぁ』は、ぜんぜん別の話になっちゃう。だから、女と電話で話をするのは、いやなんだ」

なるほどね、たしかに彼は、クラスの女子に電話をしなければならないとき、他の男子に電話代行を頼んでいる。「その子のことキライなの?」と聞くと、「別に」と答えるのに。

ふと思いついたことがあって、典型的な女性脳の母は、彼に質問をしてみることにした。

「大好きなひとに、逢《あ》いたくても、忙しくて逢えないことがあるでしょう? そういうとき、女は、相手が『逢いたいね。仕事が忙しくて逢えないけど、逢いたいよ』って電話をくれたら嬉《うれ》しいわけ。けど、男は、そんな電話しないわけ?」

息子は、「え」と一瞬、宙を見つめた。

「それって、逢うの? 逢わないの?」

「逢わないのよ」

「えーっ。情報量ゼロの電話じゃん。おいらなら、そんな電話、思いつきもしないよ」

私はびっくりして、「情報量はゼロじゃないよ。逢いたい気持ちは伝わるでしょ? 女は、電話で約束することだけが目的なんじゃなくて、電話そのものも大切なんだもん」と、教えてやった。

少年たちにとって電話は、遊びの時間と場所を伝え合う、情報伝達の手段なのだ。

素早く終えて、さっさと出かけたい。

一方、女にとっての電話は、心を通わせる道具である。少女は、たゆたうように会話を楽しもうとする。少年は、まとめようとする文脈を翻弄《ほんろう》されてイライラする。

あらら〜、と私は思った。仕事の合間に電話をかけてくる男たちは、女の「それでね」や「あのね」の後の会話の飛躍に面食らっているに違いない。女のほうは、ほとんどサービスなんだけどね。だって、約束の時間と場所の確認だけじゃ、あんまり素っ気ないもの。

この、息子との電話談議の後、私は、大好きなひととの電話やメールの素っ気なさを気にしないことにした。仕事の隙間《すきま》の電話は電報文のように短くして、「サービス」を入れない。そうしたら、かえって彼からの電話の数が増えたような気もする。

私たちのやさしい女性脳は、大好きなひとの気持ちを量りかねて途方に暮れるときがある。

メールをくれない、デートのプランを立ててくれない、褒めてくれない、かまってくれない、プレゼントをくれない、尊重してくれない。文句を言っても取り合ってくれない、すねても機嫌を取ってくれない。

けれど、この程度のことなら、まったく気にすることはない。これが男性脳の正体なのである。

男性脳は、愛という命題に対して、実に鈍感に出来ている。根は、電話の話と一緒だ。彼らにとっての恋愛は「たゆたうように、楽しんでそぞろ歩く」ものではなくて、「目的を達成する」ものなのである。

したがって、恋愛の初期の、ある種の衝動的な盛り上がり期間を過ぎて、相思相愛の第一段階のゴールを迎えると、男性脳は、がぜん怠け者になる。

けれど、ここが肝心。男性脳としては、信頼で結ばれ友情を育《はぐく》むモードに入った証拠でもある(女性脳から見れば、「勝手に」入ってしまうのだけどね)。その上、信頼と友情は、性衝動の隣にある恋心よりも一段上だと、男性脳は勝手に信じている。したがって、自分としては恋愛がより深いモードへ進んだつもりなので、説明も言い訳もしない。

対して、私たちのデリケートな女性脳は、たとえ女同士の友情であっても気配りメールを忘れない脳なのである。恋人の突然の怠惰(それも下手すれば一生続く長い怠惰)に、本当に途方に暮れる。

そんなとき、私たち女性脳のとるべき手段は一つ。気にしないことである。

毎日のようにメールをくれて、あんなに一生懸命だった男が、仕事に没頭して私を忘れている。デートの計画もいいかげんで、会ってもいらいらすることばかり。こんなとき、「彼は、私に飽きたのかしら？」などと思う必要はないのである。「彼は、私に安心したのね」と思えばいい。「ほんとにもう、私のことが好きなんだから。こんなに油断して、おばかさんね」を付け加えてもいい（反対に、相手を心配させ翻弄して、安定期に入っていないふりをして、いつまでもかまってもらうという手もあるけれど、この本の読者にはお薦めしない。そんな手に乗る男は、後がつまらないもの）。こんなときほど、ひとりで楽しめる何かを探して、上機嫌で過ごしておこう。せっかく電話をもらったときに、不機嫌な声を出さなくても済むように。せっかく久しぶりに逢ったときに、仏頂面《ぶっちょうづら》をしなくてもいいように。

男性脳は、いくつかの点をつなげて完全体を（勝手に）想像してしまう脳だ。不機嫌な声と、何度かの仏頂面をつなげて、あなたの記憶を、ひどいブスにしてしまうかもしれない。

ところで、女性脳にとって厄介なのは、「他に好きなひとが出来たのかも？」という妄想に捕われたとき、ではないだろうか。このときも「気にしない」が正解である。本当に他の女性に気を取られていても大丈夫。機嫌良く、彼の繰り返しを無邪気に信じていればいい。そういう存在を男性脳は裏切れないのである。よそで新たな誘惑にからめとられそうになっても、ちゃんと帰ってくる。

こと恋愛において女性が勝つキーワードは、美しさでも若さでもなく、「気にしない」なのである。

気にしない、知性。オトナの女の必需品である。


ところで、素っ気無い男たちも、ときには長電話を覚悟する。

先日、仕事でくたくたになって、

「今、目黒駅。あと四十分くらいで帰るね」

と息子に電話をしたら、

「じゃあ、今から四十分、話していようか」

と、甘い囁《ささや》きが返ってきた。

電車に乗るからダメよ、と言って携帯電話を切ったけれど、後で聞いたら、私がずいぶんとへこたれた声を出していたので心配だったのだそうだ。

それにしても、情報伝達以外の電話をしないうちの息子、あの電報みたいな会話手法で、どうやって四十分も引っ張るつもりだったのかしら。

ロマンスの作り方

十二月二十六日の深夜に、クリスマス・メッセージのメールが届いた。メッセージそのものは、何のひねりもない、英語綴《つづ》りのメリー・クリスマスだけ。メールのタイトルは、脳天気に「Ｈｉ！」とある。

まるでコンピュータ・ウィルスのメッセージのような不気味さだが、私の大好きなひとからだ。

さて、このエスプリだか嫌がらせだかを、どうやって楽しもう。私は、すっかり楽しくなって、パソコンの前でワインを抜いた。

そもそも、クリスマスもヴァレンタインも誕生日もいい夫婦の日も（十一月二十二日。知ってました？）、誰かが勝手に決めたロマンスには絶対に乗らない、へそ曲がりのフッツカモノだ。一日遅れのメッセージを慌《あわ》てて打った、というような殊勝な展開は絶対にありえない。

きっと、なんとなく私にメールを出してみたくなったのだろう。たぶん、二十六日の深夜まで、彼は過酷なビジネス・フィールドにいた。ほっと一息ついたその晩、クリスマスも、その十日前の私の誕生日も知らないふりをしてやり過ごしたのが、ちょっとかわいそうになったのかもしれない。けれど、日常の用事以外に思いつくことばもなかったので、賞味期限切れのメリー・クリスマスだ。

恥ずかしがり屋で、怠け者。目の前の女ひとり、ちゃんとかまうことができないくせに、宇宙の神秘を思い、人類の悲しみを憂《うれ》い、社会的責任を全うするために東奔西走している。つまりは、ごく普通の健康な男性脳である。

そんな男性脳が、私を思い出して、媚《こ》びずに気を引く手を考えて、つかの間フル回転したことを思うと、ひたすら愛《いと》しくて、なんともカワイイ。

謝罪も感謝も愛の告白もない、慣習でもない、用件もない。そんなメッセージは、意外に難易度が高いのである。その難易度の高さは、思いの深さだ。

……と考えれば、賞味期限切れのメッセージは、最上のロマンスになる。

けれど、間抜けな二十六日のメリー・クリスマス。その十日前の私の誕生日にも音《おと》沙汰《さた》がない、と来れば、その薄情さを取り沙汰したら、いくらだって恨み言が言えそうでもある。闇《やみ》の世界へのパスワードは「どうせ、私なんて」である。これに続けて自分を卑下することばをいくつか並べ、あげくイブを若い恋人と過ごしたんじゃないの？　と疑えば、生霊《いきりょう》にもなれそうだ。

つまりね、不器用な男性脳相手に、愚痴を積み上げるのも、慈愛を深めるのも、それを決めるのは女性脳の方にあるってことだ。

今日は愚痴にしようかしら、慈愛にしようかしら。たった一行のメールを肴《さかな》にワインを飲んでいたら、息子が後ろから声をかけてきた。

「ママは、小学生のとき、作文が得意だったでしょう。いいなぁ。何でもないことに、こうやって、いくらだって、ものがたりが作れるひとだもんね」

おいおい、何でもなくないんだよ、と言いかけて、ふと、学期の終わりに、彼のランドセルに入っていた作文を思い出した。

それは、「ジャングルジム」というタイトルの作文で、

「ぼくはジャングルジムが好きです。何度、頭を打っても好きです。

ぼくは、いつもボーっとしているので、ジャングルジムの一番上にすわっていると二十分休みがすぐにすぎていってしまいます。

ぼくは、ジャングルジムにはいつまでものこっていてほしいです。」

とある。念のため申し上げると、小学一年生の作文ではなく、五年生男子の作文である。中学受験を目指す彼の同級生は、すでに論説文のような作文を書いている。

作文用紙をよく見ると、何か付け加えようとして、書いたり消したりした跡があったが、最終的には文字数を増やすことに成功していない。せめて、四〇〇字詰めの原稿用紙をいっぱいにしたかったのだろう。

こうして国語の時間にあんまり苦労したので、母親の作文能力が羨《うらや》ましくなったのである。ま、私の場合は商売だからねぇ、小学生ごときに尊敬されなくてどうすると、言いたいところだけど。

そこで、「ママがあなたの作文を添削というより添加してあげよう」と、くだんの作文を再び手に取った。ママは、どんなテーマでも、何十枚も作文が書けたんだからね、といばってみせる。

――ぼくはジャングルジムが好きです。何度、頭を打っても好きです。ぼくは、いつもボーっとしているので、ジャングルジムの一番上にすわっていると二十分休みがすぐにすぎていってしまいます。ぼくは、ジャングルジムにはいつまでものこっていてほしいです。

私は、もう一度大笑いしながら読んで、不覚にも泣いてしまった。

小学五年生にして一六五センチ、七五キロ、二六・五センチのスニーカーを履く息子は、自分の身体感覚が成長に追いつかず、いつも、どこかに頭や足をぶつけている。

自分が思っているより、いつだってふた回りほど実際の身体《からだ》の方が大きいのである。

　身体感覚と身体とのズレと同時に、彼は、社会感覚と実際の社会のズレが見える年頃でもある。「銀行は、同じ機能なのに、なぜあんなにたくさんあるの？　無駄じゃない？」などと、財界が反省する前に小学生たちは冷静に指摘していた。

　彼らの小学校は、都会の過疎《かそ》地域にあり、二〇〇三年の三月で消える。近隣の三小学校が統合合併するのだ。息子は、母校が消えることを徐々に受け入れながら、みずほ銀行の合併騒動を自分なりに解釈し、入れ物を失うみずほの銀行員にもちゃんと同情していた。ジャングルジムやドアに頭をぶつけて生活しているからといって、小学生を馬鹿《ばか》にはできない。

　そうやって、自分の感覚と社会を、つないだり切り離したりしながら、子どもはおとなになる。彼は、そのいくばくかの時間をジャングルジムの上で過ごしたのだろう。

　あのシンプルな抽象造形物、ジャングルジムは、彼にとって、宇宙になり、都市になり、山になり、砦《とりで》になり、空になった。

　なんて書くと、ものすごいことのようだが、そんなことは誰にでも起こってきたことだ。ジャングルジムは、そもそも子どもたちの想像力を喚起するために作られた遊具で、その意図通り、ずっと昔から子どもたちの想像する、どんなものにもなり得てきた。

そういうものであり、それだけのことだ。けれど、息子のたった三つの告白文には、ジャングルジムとそれが喚起した自分の空想世界への、ほんわかした愛着がいっぱいに詰まっていた。

私は、今度学校を訪れたら、ジャングルジムを良く見てみようと思った。登ってみるのもいいかもしれない。上質のコンテンポラリー・アートのように、触れる少年たちに宇宙を与えてきた、遊具の傑作だ。

こうして、息子の文章は、母親の私の何かを喚起した。これは、これで語り尽くしている。物書きの母親でも、この少年の世界に、一文字たりとも書き加えることはできなかった。降参である。

息子には、こう説明した。

「あなたの作文は、いきなり、起承転結の結から始まってるんだもの。これじゃ、いきなりお終《しま》い。量を増やすことはママにもできない。この作文のテーマが、ジャングルジムじゃなくて、『ぼくがいかにぼんやりしているか』なら、見事な『起』なんだけどね。その場合は、『ある朝、ジャングルジムに登ったと思っていたら、気づくと朝礼台でした』とかの『承』が来ると、後が続くし、けっこう面白いのになぁ」

息子は、「いくらおいらでも、そこまでぼんやりしてないよ」と大笑いしてくれた。

息子には言わなかったが、彼の男性脳は、今のところとっても出来がいいと思う。いきなり「結」を語って、人をほのぼのとした気に包み込んでしまう。これは、とびきりいい男にしかできないことだ。たぶん、生まれつきの才だと思う。事業家に不可欠の要素でもある。

とはいっても、国語の作文としては受験戦争を勝ち抜けない代物《しろもの》なので、十一歳の彼に、それでいいよとは言いにくい。

私の大好きなひとも、いきなり「結」を語って人間愛を感じさせる大物だ。と思ったら、いきなり「転」を語って私を不思議ワールドに放り込む、エスプリの効いた、いたずらっ子でもある。

とはいえ、二人とも完全に起承転結を語ったのを見たことがない。見事に男性脳型の脳で生きている、ということなのだろう。私は、彼らの足りないことばを補い、横糸も足して、勝手に壮大な愛情物語を自分のために紡《つむ》ぎ出しているのだ。もともと、これは、女性脳お得意の仕事である。

さて、そうなると、私の愛情物語はひどい勘違いかもしれない。私の大好きなひとは、若い恋人とイブを過ごし、中年になったパートナー（私ですね）を若い恋人と一緒に笑ったかもしれない。

なぁんてね、一等ひどいものがたりを紡いでみても、私は彼の下卑た言動を見たことがないので、今ひとつ、うまく想像力が働かない。

こういうとき、女は、若いときに下卑た生き方をしてはいけないとつくづく思う。私が過去に、誰かを踏みにじるような夜を過ごしてきていたら、私の大好きなひとがそれに甘んじるような男だったら、ここへきて自分のためのものがたりが闇の方へ行ってしまうもの。

裏切り、欺《あざむ》き、嘲《あざけ》りや愚弄《ぐろう》……闇のキーワードを並べると、幸せものがたりになるはずの出来事も、負のものがたりへの扉になる。疑心が疑心を生む負のものがたりは止《と》め処《ど》がない。まさに、鬼になるまで、だ。他人への刃《やいば》が、人生の後半、自分を痛めつけるのである。

とはいっても、私は、世間で言う「不倫の恋」を排除しているのではない。夫婦にも、いろんなかたちがある。兄妹愛《きょうだいあい》のようになって安定している夫婦の外側に、別の愛情物語が寄り添っていてもいいと私は思う。

ただ、そのとき、品よく、そっとものがたりを紡ぐ教養が、女には必要だと思うのだ。それは、誰のためでもない、自分のためである。自分自身のものがたりを紡ぐとき、下卑た嫉妬《しっと》にからめとられないように。

恋は、発情すればできる。三十歳までは、それでいいかもしれない。ロマンスは、恋と女の賞味期限を永遠にする、脳の奇跡である。女も三十過ぎたら、この手法を覚えなければ、残りの人生は殺伐としたものになってしまう。

ロマンスは、男性脳と女性脳が協力して紡ぎだすものだ。男性脳が放り出した高潔な「結」を、女性脳が温めてものがたりにする。女は、自分自身のものがたりに照らされて満ちるのであって、男からものがたりをもらうのではないのである。

男は、「結」の積み重ねで生きている。干瓢《かんぴょう》や海苔《のり》が整然と並ぶ、乾物棚のような人生である。彼らにとって、女の紡ぐものがたりは、乾物が水に戻されて、美味《おい》しい料理が出来上がるようなものだ。干瓢が、色鮮やかな散らし寿司《ずし》になる。母親が健在な青年期までの男たちは、恋人のこの機能をあまり重要視しないが（ときには鬱陶《うっとう》しがるが）、中年期以降には、意外にも唯一《ゆいいつ》の心の支えになる。

男たちの不器用な生き方を、豊潤なものがたりに変える。これこそが、いい女の究極であるといっても過言ではない。明るくて前向きの想像力。いい女の条件なんて、ほんとうはそれだけなのである。

良い「結」が投げられても、女の想像力が下卑ていて貧困だと、良いものがたりは創《つく》れない。女の想像力が豊かであっても、正しい「結」が来なければ、幸せものがたりは成立しない。ロマンスは、カップルの脳の奇跡なのだ。

ときに、若いときの発情の相手や、人生を通しての生活の頼もしいパートナーが、熟年期のロマンスの良い相手でないこともある。そういう意味で、ロマンスには、いろんな脳の組み合わせがあってもいいと思うのである。

普遍であることは、以下の二つ。男は公明正大でないと、思い切り良く「結」を投げ出せない。女は品がないと、気持ちよいものがたりを創れない。

男が公明正大であるためにも、女が上品であるためにも、まずは他人を下卑た欺きに陥《おとしい》れないことだ。自分がしたことは、他人もすると考えるのがヒトの脳である。自分の欺瞞《ぎまん》と高慢の数だけ、私たちは後の人生で萎縮《いしゅく》する。

のびやかなロマンス。それが、女の人生後半のほんとうの贅沢《ぜいたく》である。

大切にされる女《ひと》の条件

私の大好きなひとは、格別に優秀な男性脳で、心優しき女性脳の質問にほとんど答えられない。なのに、かつてたった一つ、「私のどこが好き?」に珍しく即答してくれたことがある。

「一緒にいるとき、黙っていられるから」

私は一瞬むっとしたが、冷静に考えれば、これは男性脳としては至上の褒めことばである。

自分の気持ちを問われるのも、女の気持ち語りに相槌《あいづち》を求められるのも、どちらも苦手な男性脳は、安らかな気配だけで傍にいてくれる女性脳を求めている。けれど、ただ黙っていればいいというわけでもないようだ。黙っていると何を考えているのかわからない、気まずい感じがするのは失格。だからといって、緊張感がなくてすっかり弛緩《しかん》しているのも、彼女が公《おおやけ》の場への同行者であれば失格である。ことばよりも空間に感応する男性脳にとって、ことばを使わずに、佇《たたず》まいで知性と慈愛を感じさせてくれたら、それが一番のいい女だ。女からしたら、どうしろっていうのよ、って問い詰めてみたくなるような、捉《とら》えどころのない注文である。

実際、男たちに質問してみると、定型の答などない。女と共に過ごす空間が、ホテルのバーなのか、居酒屋のカウンターなのか、車の中なのか、散歩中なのか、ベッドの上なのか。シチュエーションによっても、相手の女性との関係性によっても、女性の年齢によっても、佇まいの「正解」が違っているのだもの。

ただ、私が一つだけ見つけた共通点がある。呼吸の穏やかさ、だ。

ゆったりとした深く静かな呼吸は、安寧な雰囲気を作る。女の作る安寧な雰囲気、安らぎは、男たちが求めて止《や》まないもののようだ。男たちだけじゃない、子どももペットも、女同士だってそうだ。この呼吸をする女性の周りには、陽だまりのようなやさしい空間ができる。傍にいる誰もが、その陽だまりに入りたくなる。

不思議なことのようだけど、私たちは十カ月にも及ぶ胎児の期間、母親の呼吸に揺られているのだから、当たり前なのかもしれない。

もう一つ。この呼吸は、美しい姿勢を作る。穏やかな呼吸を作るためには背筋を伸ばし、あごをほんの少し引いて、上半身を適度に緊張させなければならない。気道をまっすぐにするためだ。そうしていながら肩に力が入っていない状態である。この姿勢は、バストが最も隆起して、デコルテ（あごから胸へかけての鎖骨を中心とした部位）がすっきり見える、なんとも美しい姿勢なのである。

ちなみに、男は、女の美しい姿勢に、女が想像するよりずっと強く惹《ひ》かれるのをご存知だろうか？　男性脳は空間認識に長《た》けた脳であり、三次元曲線に刺激されるように出来ている。女のフィギュア（形状）に感動する脳なのだ。つまり、整形で二重瞼《まぶた》にするよりも、美しいデコルテを演出する方がよっぽど効果があるってことだ。三次元曲線を認識しにくい女性脳は、つい顔に張り付いた目とか鼻とかの造作に、意識が集中しちゃうけどね。

呼吸の効果はまだある。深く穏やかな呼吸をしていると、脳細胞に酸素がいきわたり、頭がはっきりしてくる。瞳《ひとみ》に力が入ってくる。頬が上気して、うっすら紅を帯びてくる。生物としての、凛《りん》とした存在感がでてくるのだ。

この凛とした存在感に、まるで砂場で遊ぶ幼子を見つめる若い母親のような、嬉《うれ》しそうで誇らしい瞳があれば完璧《かんぺき》だ。女の私でも、この女《ひと》を大切にしたい、この女《ひと》に大切にされたいと願ってしまうもの。たとえば、乗り物で隣り合わせたような行きずりの関係でも、である。

なので、この呼吸をしていると、一見《いちげん》のお店でも上客扱いをしてもらえることが多い。マナーを少しくらい間違えたって大丈夫。ゆったりと楽しむ、美しい佇まいの女は、どんな場所でも尊重される。これは、世界共通の約束事だ。

この効果は、ビジネス・シーンでも実感できる。会議であれば、発言数が少ないのに尊重してもらえるようになる。商談であれば、クライアントに敬語で接してもらえる。まさに魔法のよう、意識して試してみてください。

場に緊張する男性脳は、どのような大物であっても、自分のホーム・ポジション以外では、ゆったり解《ほど》けることはできない。女が想像しているより、公の場にいる男は緊張しているのだ。彼らの隣で、ゆったりと場を楽しんであげる。沈黙の苦しさを感じさせず、会話の緊張を強いない。ついでに他者には気品を示し、彼には安らぎをあげる。それができたら、最上級の女である。ここまでくれば、容姿も年齢も超越して、どんな男にだって大切にされる。その鍵《かぎ》は、沈黙と呼吸。男運の秘訣《ひけつ》は、意外にシンプルなのである。

ちなみに、男性脳の機能からいえば、沈黙の次に彼らの脳に受け入れられる存在は、彼らに過大なロマンスを期待せず、勝手に生活を切り回すタフなおばちゃん脳か、語《ご》彙《い》と想像力が乏しいために彼らの思考領域に割って入れないプアなお嬢ちゃん脳、ということになる。

とっても理不尽なことだけど、勤勉を重ねて、自分の気持ちをさも世界の規律のように語れるようになった知性派のオトナの女は、温かい沈黙をくれる女、さばけたおばちゃん、ニートなお嬢ちゃん、気の置けない男友達に次いで五位以下の存在に甘んじてしまうのだ。

もしも、女性読者で、学生時代に成績が良くて、ビジネス・シーンでも重宝され、生活能力にも長けてて、容姿もファッション・センスもけっこうイケテルのに、その割に男運がないとなげいている方がいらしたら、喋《しゃべ》り過ぎていないだろうか？

三十過ぎて最近モテナイというのは、けっして、若さが衰えたせいではない。男をうんざりさせる、迫力のある口数が増えたからだ。躍起になって若作りして、身体《からだ》の貧困なお嬢ちゃんの真似《まね》をするのは止めよう。そうやって擬似三位になったって、口数が多ければ効果はない。けれど、うまく黙れば、五位から一気に最上位に駆け上がれるのだもの。それもダントツの一位である。

つまり、女の会話のコツは、いかに喋るかではなくて、いかに黙るか、にある。男性脳は、語るべき「気持ち」を持たず、女の気持ち語りを聞くのも苦痛なのだ。この脳には、女の機嫌の良い沈黙が最高のご褒美《ほうび》なんだもの。

私は、ちょっと前まで、大好きなひとに腹を立てたとき、無口になって仕返しをしてあげた。私が無口になれば、少しは不安になって、反省するのじゃないかしら、と思って。けれど、このひとときたら、のほほんと幸せそうにお風呂《ふろ》に入って、のびのびとテレビを見て、ぐうぐう寝てしまうのだ。沈黙のご褒美を堪能《たんのう》しているのである。ちっとも、仕返しになりゃしない。

女は気持ちをさらして愛の行為としている。お喋りは好意の証《あかし》、男をリラックスさせるサービスのつもりなのだ。一方、男は、その気持ち語りに相槌を要求されるのが何より億劫《おっくう》。女の上機嫌な沈黙をもって、最上の愛とする。男と女、ここまですれ違っているのを、ご存知でしたか？私は、情緒の研究者として、その辺りの機微が十分わかっているつもりだけれど、それでも「一緒にいるとき、黙っていられるから」好きだって？　まったく、倦怠期《けんたいき》の中年妻じゃあるまいし……（あ、その通りなのか）、褒めことばと知りながら、やっぱりむっとしてしまう。

ところで、そんな私のふくれっつらに、彼はいたずらが見つかった男の子のように、ぱっと照れ笑いをした。で、わかってしまったんだけど、私の大好きなひとは「しゃべり」の女性と付き合ったことがある、とみた（大阪弁の「しゃべり」です。大阪の

「しゃべり」は口数が多いけれど、自分勝手に話を進めてくれるし、反射神経で返事ができるので楽なのだ。こちらの気持ちを真正面から問いただしたりしないので、BGMというか、都会の雑踏みたいなもので、ひっきりなしだけど邪魔じゃない。慣れれば心地よい)。

本質的なところ、寂しがりやの彼は、彼女のしゃべりにちょっと辟易《へきえき》しながら、それなりに癒《いや》されて歩いていたに違いない。

普段は、ふたりの女性を比較分析しないのが男性脳だが、私と彼女の口数の違いがよっぽど印象的だったのだろう。私は、「私のどこが好き?」「黙っていられるから」の一往復だけ。ふくれっつらの後の、彼の照れ笑いに、意味ありげな微笑を返しただけだものね。

これがしゃべりの大阪女性なら、そもそも男に質問なんかしない。自分の考えを愛《あい》嬌《きょう》にくるんで言いたおす。合いの手を入れないとどこまでも彼女に有利な展開になるので、男はどこかで合いの手を入れるしかなくなるのである。そうして、漫才みたいな仮の対話が成立するのだ。仮とはいえ女は満足して、仮だから男はほっとする。大阪文化は、成熟している。オトナのカップル向けだ。おばちゃんとおじちゃんになってから断絶しないプロトコル(作法)を持っている。

それにしても、ことば足らずの男性脳ったら、喧嘩《けんか》将棋《しょうぎ》みたいなしゃべりと、囲碁の対局みたいな沈黙が一緒だなんて、ちょっと腹が立つ。どっちも好き、でいいけれど、好きの種類と度合いはちゃんと区別してほしい。

魔法の鏡

「ほう。星はちゃんと見ているのだな」

と、偉そうに言い放ったのは、例によって私の大好きなひとだ。

先日、ふと思い立って占いのページを開いてみた。私と、私の大好きなひとの相性は、どの占いで見てもなぜか微妙である。相性は悪くないのに、尋常でない強い緊張をはらんでいるのだ。

私たちは、どちらも、自分の中に相反する要素を強く併せ持つ星の生まれだそうだ。人間が好きなのに、人付き合いが苦手、美意識が強いのに、怠惰である、というように。

そもそも、ひとりでいても自己矛盾の強いふたりが、基本相性が良いというのは大変なことのようだ。相反する要素同士が、自分だけでなく相手をも攻撃して、複雑に拮抗《きっこう》する。

簡単に言うと、はりねずみのカップルってこと？　近づけば、反対要素がスパークして、なんとも痛い。そうかといって、あきらめられない。腐れ縁といってもいいかもしれない。

ま、そのようなわけで完璧《かんぺき》な相性になりえないから、占いごとに書きようが違って、一喜一憂して楽しめるのである。

その日、まず試しにインド占星術のページを開いてみたら、これがひどかった。彼は、私の存在を大変なストレスに感じていると言うのだ。あんまりひどい書きぶりだったので、口直しにバリ占星術をやってみた。が、これはもっとひどくて、「彼とのセックスにあなたは満足しているが、彼はあなたに満足していない。ひどいストレスで、いつか爆発するでしょう」とある。

あらまぁ、と思って、古代中国占星術だの、姓名占いだの風水だの手当たり次第に開いてみたが、この日、私を慰めてくれる占い結果は一つもなかったのである。

というわけで、こういうときは、本人に慰めてもらうしかない。

「インド占星術で相性を見たら、あなたが私に振り回されて、多大なストレスになっているなんて言うのよ、ひどいでしょう？　あなたが私を振り回しているのに」と、言い付けた。

彼は、「ほう。星はちゃんと見ているのだな」とつぶやきつつ、落ち着いて、紅茶にミルクなんぞを入れている。

「その上ねぇ、バリ占星術では、あなたが私のセックスに満足していないとまで言われた。占いなんかに、そんなこと言われたくないわ」と付け加えたら、彼は大受けして、おおらかに笑った。

え、と私は一瞬、戸惑った。彼の大笑いって、どっちなんだろう？　まさか、当たってる？

探るような私の視線に気づいた彼が、とりあえず、「気に入った占いだって、過去にあったでしょう？」と体勢を取りなおす（そっくり返って、笑っていたからね）。そう、私は、過去の気に入った占い結果は、ちゃんと保存してあるのだ。気に入らない結果は、見なかったことにする。今回は、これでもか、これでもかと悪い結果だったので、とてもひとりでは処理しきれなかったのである。

「けど、アジア中の星がそう言うのなら、あなたは一度ちゃんと考えてみたほうがいい」と彼は、冷静にアドバイスをとばす。

この方向はまずい。このまま、彼の客観的な対応が続いたら、心底へこんでしまいそうだと気づいたので、「あ〜。ストレスを感じるってことは、惚《ほ》れてるってことでしょ。な〜んだ、そういうこと？」と明るくまとめてみた。そうしたら、「それとは別の話だろうね」とまたまた冷静なお返事で、すっかりまとめそこなってしまった。

それにしても、私はなぜ、占いにはまるのだろう。この会話の先に、きっと彼に聞かれるであろう質問を、私は先に心の中で自分に問いかけてみた。

そうか。魔法の鏡だ。

白雪姫の継母《ままはは》の持っていた、あの魔法の鏡である。美しい継母は、毎晩毎晩、魔法の鏡に問いかける。「世界で一番、美しいのは、誰?」

私は、占いという魔法の鏡に、「私は特別? 彼にとって特別?」と聞いているのだ。「そうだ」と答える占いだけ信じて、そうでない占いはなかったことにする。占いは私にとって、必ず素敵な答えをくれる魔法の鏡なのである。今回は失敗したけれど。

ちなみに、お気に入りの結果が出たときは、それでその日の占いをやめるかというとそうではないのである。もっともっと甘いことばが欲しくなって、同じ種類の別の目的の占いに入っていくことになる。これは私だけじゃないと思う。インターネットの占いページは増えるばかりだもの。

占いビジネスは、太古の昔から二十一世紀のサイバーワールドに至るまで衰退したことがない。その理由が、なんだかわかったような気がした。

ヒトの脳は、自分が属する生態系において、特別な個体であることを志向している。その系での確固たる生存理由になるからだ。したがって、ヒトが「特別でありたい」と願うのは、いのちの望みであって、強く普遍の思いなのである。

技に精進する匠《たくみ》も、研究にいそしむ学者も、ブランド物に目がないおねえさんたちも、もっと強く、もっと美しく、もっと賢く、もっと豊かにと願って生きるすべての脳の、健康に生きている証拠なのである。

そういえば、大好きなひとと寄り添い始めた頃、私はずっと、彼に言わせたかったことばがあった。

「あなたは特別のひとだ」

生きている意味を男（あるいは男性社会）にもらおうなどと思っていたのである。毎晩、特別な男に「あなたが世界一」と言ってもらえたら、永遠に満たされるはずだった。結婚とは、その魔法の鏡を手に入れる行為だと、漠然と信じていたのである。若かった。

いろいろ策を講じて誘導尋問も試みたが、結局、彼にこのことばを言わせるに至っていない。誘導尋問どころか、最後は「私は、あなたにとって特別な女よねぇ？」と迫って、彼がつい迫力に負けて肯《うなず》いてしまうのを狙《ねら》ったのに、「きみの言う特別って、どういう意味？」とかわされている。

そうこうするうちに男性脳研究も進んで、私は、このことばをもらうことに対する興味を失ってしまった。

男性脳には、何かを主観的に語りつくす能力がない。すなわち、魔法の鏡にはなりえない。そう気付いたから。

というわけで、占いなのである。な～んだ、カワイイもんじゃない、と自画自賛する。生きる意味を見失ったのを夫のせいにして離婚騒ぎを起こしたり、子どもに託して依存しまくったりするよりも、ずっと罪がない。

私が占いにはまるのはあなたのせいよ、あなたが気持ちを語り尽くしてくれないからじゃない。そう言おうとして、けれど、やっぱり止《や》めておいた。これは言ってもしかたがない。

自分の気持ちが先に立ち、それを教養でもってコントロールしながら生きている女性脳にとって、恋愛は自分の気持ち、すなわち自我を相手にさらす行為である。彼に対する気持ちだけではない、喜怒哀楽全般にわたって上手にコントロールしてきた自分の気持ちを、大好きな男の前にさらけ出して、私たちは恋愛行為とする。

それは、おとなになるために与えられた教養に反する行為なので、恋することで、私たち女性脳は、ひどく傷つく。相手と傷つけ合う前に、恋するだけで傷ついている。この、ひりつくような魂の痛みを、相手の男の情熱で慰撫《いぶ》してもらいながら、なんとか歩いていくしかないのである。

その恋愛生活の中で、女は、惚れた男の「気持ち」をどうしても探ってしまう。自分と同じように、彼にも自我をさらけ出してほしいのである。それを愛の証《あかし》だと思っているので。

けれど、そもそも男性脳には、自分の気持ちという核は存在しない。

彼らの脳のコアには、正義とか肩書きのような客観的な評価機構が、擬似自我として存在する。本当の自我は、十二歳の思春期前夜にいったん水面下に沈められ、肉体の隆盛期には、彼ら自身の脳が客観的評価を求めて、社会的競争に駆り立てられるようになる。優秀なオスだけが遺伝子を残すための、神のプログラムに組み込まれるのである。

この、優秀なオスとして這《は》い上がろうとしている時期、男たちの脳には自我が存在しない。すなわち、自分の気持ちが心地よいとか、満たされている、ということに彼らは思い至らないのである。したがって、自分と触れ合って感応する女の気持ちにまで、意識が届くわけがない。俗に優しいと言われる男たちにしても、マニュアル操作的にマナーを遵守《じゅんしゅ》しているだけ。女から見たら、なんとも粗野だが、これが男らしさの正体なのだ。

彼らが本当の自我に再び出会うには、ある程度の社会的成功を手に入れた後、動物的な性衝動が幾分ゆるやかになって知的な愉楽に変わる頃まで待たなければならない。したがって、若い男性脳相手には怖くて自我の殻を破りきれない若い女性脳が、オトナの男に惚れるのは、実は脳機能的には、ごく当たり前の現象なのである。

つい最近まで、逆のパターン、すなわち若い男と成熟した女のカップルが成り立たなかったのは、「男が若い女が好き」だからではなくて、社会的弱者である女たちがわざわざ粗野な時期の男性脳に手を出さなかっただけのことなのだ。

最近は、経済力もあって、自我を自在に操れるスーパーウーマンたちが、若い男性脳をカワイイと表現するようになって、このパターンも増えてきている。

けれど、その彼女たちも、男の子たちの「そもそも存在しない自我」を探して、玉ねぎの皮を剝《む》き続けている。自我の露呈を、愛の証だと信じているから。彼に、彼自身の自我のありどころを語らせ、最後に、泣きながら「お前だけだ。お前は特別だ」と告白してほしいのである。けれどそれは幻想でしかない。そんなことは、陳腐なドラマの中にしか存在しない、と思ったほうがいい。

　女はかわいそうだ。

　自我のない男たちに、その自我を差し出してほしいと願いながら、恋をするのだもの。そうして、デリケートな自我から血を流しながら、粗野な時期の男性脳とセックスをして子どもを産む。男の責任では、ないのだけれどね。

　この魂の痛みに原因療法はない。痛みをやわらげる対症療法が、ただひとつあるだけだ。

　すなわち、ただ機嫌良く好きな男の傍にいること。好きな男でなかったら、捨てればいい。自分が愛されていることの証に、そもそも存在しない男の自我（彼の「気持ち」）を探し当てようとする、終わりのない旅に出ることはないのである。

　女を本当に満たすことができるのは、女自身の知恵だけだ。男性脳の虚無を悟り、女のために誠実な日常を繰り返す男性脳を愛《いと》しいと思い（女には意味を問わない繰り返しは一日たりともできないからね）、亭主と息子に感謝して御飯を炊《た》く。それだけで、きっと、内側から満ちてくるものがある。

彼らは、女性脳を満たす答をけっしてくれはしないが、代わりに、こちらが怠惰な中年女になろうと鄙《ひな》びた老女になろうと、捨てようなんてことは思いもよらないのである。

ちゃっかり甘えて、ゆったり解《ほど》けて、自分を満たしてあげればいいと思う。本物の知性のある女に、魔法の鏡は要らない。


なんて言いつつ、まだまだ本物の知性に至らない私は、占い、なんである。

さて、冒頭の占い話の続き。このとき、私たちは、旅立つ彼を見送る直前のティータイムだったのだ。明るくまとめないと、暗く澱《よど》んだ留守番生活になる。

しかたなく、「あなたは、ストレスなんか感じてないでしょう? お願いだから、その占い当たってないね、って言ってくれない?」とジャケットの襟をつかんで凄《すご》んだら、彼は意地悪そうな顔をして、「さぁ、どうかな? 私がいない間、よく考えてみなさい。冬休みの課題にしとこう」とまだ、ねばる。

「もしも考えぬいて、私の結論が身を引くことだったらどうするの?」と聞いたら、「それも、あなたの生き方だから、受け入れる」

おいおい、結局ここまで会話がたどり着いてしまったのかい、と私はため息をついた。腕時計をのぞいたら、彼の出かける時間まで残り三十秒。この会話、もうまとめようがない。

そうしたら彼がにっこり笑って「あなたのストレスくらい、この私には何でもないよ」と手をふって、機上の人になってしまった。やられた。今回は、彼の方が一枚上手だ。

あら、でも、やっぱりストレスなわけ？　まぁ、こうなったら、どっちでもいいけど。

この世の始まりの魔法

さて、それでは、そろそろきちんと、男性脳と女性脳の仕組みの話をしよう。

男女平等の倫理の下で教育を受けた私たちは、男と女は同じ人間なのだからきっと理解し合えるはずだと、なんとなくぼんやりと信じている。そうして女たちは、日常のさまざまなシーンで男の説得を試みている。女友達にするのと同じように。あるときは理詰めで、あるときは媚《こ》びて、あるときは毅《き》然《ぜん》と美しく。

けれど、はっきり言おう、それらはすべて徒労である。脳の認識の機構からいえば、男と女は絶対に同じ人間ではない。脳生理学的に認識の機構が違うから、男には女が理解できないし、女には男が納得できないのである。

男は女を産まないが、女は男を産む。そもそも生命バランスからして均衡を保っていないのだ。男と女が同じであって、正しい手段を講じれば分かり合えるだなんて、誰が言い出したのだろう（ただし、社会が稚拙な男女不平等を持っていた時代に、その根本的な解消のために、あえて「男と女は同じである」という教養を広めた社会学派の女性たちには拍手を送りたい。そういう主張が必要だった時期が世界にはあったと思う)。

私の説く恋愛論は、精神論や経験論ではないし、ましてや目先の何かを変える方法論ではない。私はただ淡々と、まったく違う二種類の脳を見つめているだけなのだ。そうして、二つの脳の間の、誤解に基づく深い悲しみを解《ほど》きたい、と願っている。

何千年もの間、人類は、この誤解に基づいて恋愛をし、子孫を残してきたのだから、誤解は誤解のままでいいのでは？　という考え方もあると思う。けれども、それは、ヒトが日々生きることに忙しくて、女に男の誠意をうんぬんする暇がなく、共に生殖期間が終わったら、ほどなくコロリと死んでしまう旧人類の話である。

私たちは、忙しい忙しいとぼやきつつも、子どもが手を離れる四十代半ばには、「私が生まれてきた意味はなんだったんだろう。子どもが巣立ってしまって、夫とふたりきりでこの家に取り残されたらたまらない気がする。どうしよう」と考える程度には暇になる。キャリアウーマンだって更年期直前に「この仕事が私にしかできない天職だったのだろうか。家庭や子どもを持たなくて良かったのか」と逡巡《しゅんじゅん》するくらいの余裕がある。

今どきの四十代といえば、まだ大恋愛をできるくらいに綺麗《きれい》だし、そこからまだ倍の人生が残っている。かつての人類が生きたことのない、倍の人生を生きる（生きなければならない）、新しい人類なのである。

私たち二十一世紀の女たちは、いわば、新しい人類のイブ、なのだ。私たちには、使命がある。新しい人類として、女が幸福になるすべを、ほんの少しのヒントでも、私たちの娘の世代に残してやらなければならない。

女が男たちの誠意に気づかずに、男たちの不誠実をなじって暮らすには、倍の人生は長すぎる。女にとっても、男にとっても。

そのために、原点に戻ろう。私たちは、女なのである。やわらかくて、強くて、愛《いと》しい生き物だ。男とは違うのだ。

そして、実はその原点は、私たちの脳の中にある。

男性脳と女性脳。この二つの脳の決定的な違いは、一カ所である。脳梁《のうりよう》と呼ばれる、右脳と左脳を結ぶ場所が、男性脳より女性脳の方が「太い」のだ。

もちろん、総体としては、男性脳の方が大きい。頭蓋骨《ずがいこつ》が大きいし、脳の体積も大きい。記憶をつかさどるニューロンと呼ばれる脳神経細胞も、男性脳の方が太いのである。このことは、身体《からだ》の大きさの平均的な差からいえば当たり前のことにすぎない。男の手首が女のそれより太いように、ニューロンも太い。男の足が女のそれより大きいように、脳も大きい。

なのに、脳梁だけが、何かに逆らうように、男の方が細いのである。脳の真ん中のほんの些細《ささい》なパラドックス（逆説）。

実は、この世の男と女に起こる、すべてのすれ違い、すべての喜劇と悲劇は、このパラドックスによるものなのである。この太さの違いによって、男と女は、まったく違う世界を見ているのだ。

私たちは、世界やモノを「目」で見ている、のではない。正確には、目を通して、脳で見ているのである。

左目に入った映像は右脳の視覚野《や》に、右目に入った映像は左脳の視覚野に、別々に映し出されている。つまり、左目と右目の二つの像は、ばらばらに脳にやってくるのである。それを連合野というところで一つにして、やっと、私たちが日頃「目で見ている」と信じている映像が出来上がるのである。

片目では、奥行きが測りにくいのは、誰でも知っていると思う。私たちに二つの目があるのは、映像の奥行き、すなわち自分から対象物までの距離や対象物の厚みを測るためだ。あるものを左目で見た映像と、右目で見た映像には、左右のぶれ（違い）がある。脳は、この二つの映像の差異から、奥行きを算出しているのである。手前にある立体的なモノほどぶれが大きく、遠くにある平面的なモノほどぶれは小さい。

脳梁の細い男性脳は、女性脳に比べて、右脳と左脳の連携が悪い脳ということになる。二つの映像の違いが、くっきりと際立《きわだ》つ脳だ。つまり、生まれつき、ものの奥行きに強い脳なのである。

新生児の頃から、奥行きの情報が高い重要度で扱われている男児の脳は、より遠くへより高く、興味が向かうようになっている。目の前に並べられたおもちゃでは寝ているうちから飽き足りなくなり、ハイハイを始めればどこへでも突進してゆく。ほどなく、自分より高い位置や、メカの三次元的な動きに目を奪われるようになり、ショベル・カーのショベルが上下に動く工事現場や、自動車や電車に夢中になる。

同じ頃、女の子は、お気に入りのおもちゃを手元に並べて、悦に入って遊んでいる。ことばをしゃべる前から、お気に入りの服があり、アクセサリーで自分を飾るのが大好きだ。少しぐらいぐずっても「あらら、リボンがついててかわいいわねぇ、このおくつ。ちゃんとはきましょうね」とかで、けっこう片がつく。テキがことばをしゃべらないうちから、なのだから驚かされる。

男の子は、この論法では騙《だま》せない。その代わり、ミニカー一つで、なんでも言うことを聞いてくれる。このときの重要なファクターは、自分の手で、ドアやボンネットを開けたり、タイヤを回せたりすることである。斜めに開く、回る、などの動きが彼らの脳を魅了する。というわけで、T社のミニカーシリーズには、どんなにお世話になったかわからない（男の子のお母さんなら、皆さん、わかりますね？）。ちなみに、全盛期、我が家には五〇台ほどあったが、そのうち数台はパパのコレクションである。ダットサンだの、トヨタ2000GTだの、レトロ・シリーズは中年の男性の心も打つらしい。女の私には、だからといって、幼児の息子を泣かせて取り上げるほどのことはないでしょう、と思うけれど。

男性脳と女性脳の違いは、子どもたちが、もう少し大きくなってきて、絵を描くようになると、もっと顕著に観察できる。

四歳くらいの女児の絵は、まるで写真を撮ったように描く。地面の線を一本引いて（あるいは画用紙の下端を地面に見立てて）、その上に女の子を描き、花を描き、家を描く。一〇人の女の子が、一〇人ともそうするはずである。

ところが、男児のうちの何人もが、俯瞰《ふかん》図を描くのである。公園の滑り台を上から見た展開図で描いたり、ショベル・カーを、ショベルを斜め上から見たような視点で描いたりする。うちの息子の名画（迷画）の一つに、いきなり、ぼんぼんと乳房を描き、その乳房の間から自分の笑顔がのぞく、「まま」というタイトルの絵があった。ひざまくらを上から見た図なんだそうだ。「まま」といいながら、ママは乳房でしか登場しない。構図といいタイトルの付け方といい、ちょっと、アート風で良かった（親バカです、はい）。

それにしても、実際に見たことのない場所に視点を設定して、世界を描く。男たちは、ものごころ付く前から何気なくやっているのだろうけど、典型的な女性脳からすると、驚きの出来事だ。私は、お絵描き中の息子の友人たちを、いっせいに抱きしめてあげたくなった。「きみたちは、天才だよ」と。

この能力のおかげで、少年たちは、二次元図面から、三次元のプラモデルを楽しそうに作れるのだ。やがて、ビルを建て、都市を造り、ロケットを造って宇宙へ飛ばすまで、男性脳の俯瞰力と、遠くへ向かう好奇心はとどまるところを知らない。

男には腹が立つことも多いけど、男性脳がなかったら、やっぱり世の中はつまらない。

少し、視点を変えよう。

奥行きに鈍い女性脳は、目の前の世界を、写真のような二次元面をなめるように見ている。したがって、近くにあるものをつぶさに観察できる脳なのである。

この能力のために、女たちは冷蔵庫のバターを見逃さないし、他人の家の収納棚のティッシュ・ボックスだって、すぐに探し出せる。けれど、女なら三歳の幼児にだってできることが、なぜか三十五歳の夫にはできない、というのは主婦たちの常識である。男たちときたら、ほんとうに目の前にあるものが探し出せない。バター、辛子のチューブ、ティッシュ・ボックス、歯磨き粉のスペア、なんでもかんでも。けど、怒らないであげてね。彼らが、バター探しに真剣じゃないわけではないのだ。彼らの脳は、冷蔵庫の中をべったりなめて見るようには出来ていない。

奥行きの重要度が高い彼らの脳は、冷蔵庫の庫内を三次元空間として把握しようとする。このために、彼らは、面ではなく点で見るのである。手前のジャムの瓶のラベルを見て、奥の海苔《のり》の密封容器の角を見る。そうやって、いくつもの点を観測し、それを脳の中に配置しながら、冷蔵庫の空間の広さや、モノの集積密度などを自動計測しているのである。すなわち、「バターを探す」という目的に対しては、明らかに無駄な情報処理を延々と行っているのだ。たまさか、最初のほうの観測点にバターが当たれば探し出せるが、そうでないと、妻がイライラして乗り出すまで、となる。そのくせ、奥をしっかり見る男性脳は、当面の課題＝バターを探し出せないくせに、賞味期限切れの佃煮《つくだに》なんか見つけ出して、妻をさらに怒らせる。夫にしてみれば良心、妻にしてみれば余計なお世話だ。

我が家では、私以外には、特別に優秀な男性脳が二個あるだけなので、もの探しの期待なんか、はなっからしちゃいない。「歯磨き粉がないぞ」となったら、「洗面台の下の棚の……」なんて言う前に歩き出す。でないと、きっと結局は探し出せないくせに、少しは整理しろよって叱《しか》られて腹が立つだけだもん。

そう、家事に疲れてくると、女は、男のこういう態度にも腹が立つ。自分が稼いでいて偉いと思っているから、家事を馬鹿《ばか》にしているのよ、私を「自動バター出し機」だと思ってるわけ!?と、憎らしくなるのよね。けれど、そう展開されたら、男たちには災難である。彼らの能力外、なんだもの。

こう考えてみると、冷蔵庫をはさんで、誠実な男性脳と女性脳が、互いに良心で接しながら、共にうんざりしているのである。冷蔵庫だけじゃない、男と女の間に起こるほとんどの悲劇と喜劇が、このタイプだと思いませんか？ 男も女も誠心誠意、一生懸命なのに傷つけ合って、途方に暮れる。それもこれも、皆、脳梁の太さの違いのせいなのだ。女の了見が狭いわけでも、男が間抜けなわけでもない。驚きませんか？　この世の始まりの魔法、と私は呼んでいる。男と女の脳梁の太さを、ほんの少し違えたこの細工が、古今東西、この世のものがたりのすべてを作り出しているのである。私たちの創造主は、なんとも粋《いき》ではないか。

ところで、ホモ・セクシャルの男性の脳の中には、かなりの高率で女性と同じ太さの脳梁が見つかるそうだ。

母親の胎内では、最初は、男児も女児と同じ脳なのである。妊娠期間の後期、母胎から出される男性ホルモンを浴びて、男児の脳梁だけが細くなる。この時期、母親に強度のストレスがあったりして、男性ホルモンがうまく放出されないと、脳梁が太いままの男児が生まれてくるのである。

すなわち、彼ら（彼女たち？）は、女性脳の持ち主であって、女の気持ちで男に惚《ほ》れるのだ。脳科学的には、ちっとも異常ではないのである。

それにしても、彼女たちは、男性の肉体を持っていて、社会的には男性を愛することを忌《い》み禁じられているのに、女性脳は、それを乗り越えてでも男性脳に惚れるのである。私たち女性脳は、なんだかんだ言いながら、男性脳なしには暮らせない。

今日から、夫が頼んだモノを探し出せない上に、「少しは整理しろよ」と小言を言ったら、ムッとしないで「まぁ、このひとったら、ほんとに男らしいんだから」と惚れ直そう。無人島やサバンナでサバイバルするとき、この空間把握力がどんなに役に立つかわからないんだから。

少女脳の憂《うれ》い、少年脳の悲しみ

脳の話を、もう少ししよう。

目の前のものをつぶさに観察する女性脳は、自然と、自分の近くにあるものに、より興味が集中する。このため、手の届く範囲にあるものを、べったりと可愛《かわい》がるようになるのである。このお陰で、女は、多少不細工でも自分の子が世界で一番可愛いし、愚痴を言いながらも結局のところ自分の亭主が一番頼りになる、と思っている。

面白いことに、夫も恋人（あるいはあこがれの有名人）もいる女性に、「あなたが、恋人と夫と三人で沈みかけたタイタニック号に乗っていたとしよう。生きるか死ぬかの修羅場に、命を預けるのはどっち？」と聞いたら、よほど問題のある夫でない限り、全員、夫と答えるのである。夫なら、必ず、私を生きて帰してくれそうな気がする、と皆、言う。日頃かなり夫をないがしろにしていても、なのである。「あこがれの○○サマ」に命を捧《ささ》げてもいい、と豪語しながらである。

ちなみに、妻のいる男性に、「あなたが、恋人と妻の三人で沈みかけたタイタニック号に乗っていたとしよう。救命ボートに一人しか乗せられないなら、命を助けるのはどっち？」と聞くと、これも全員、妻と答える。妻に子どもと老親を託して、自分は恋人を抱きしめて共に沈む、のだそうだ。はいはい。ばかばかしくて、聞いていられない。

ちなみに、ボートに乗せられるのが二人ならどうする？　と聞くと、男は迷いなく女たちを乗せると言い張るが（ほんとかしら）、女はそのうちの一つ目の席は、当然、自分のものだと思っている。ふふふ。

というわけで、目の前のものをつぶさに観察し、手の届く範囲にあるものを可愛がるように出来ている女性脳は、もちろん、その中心にある自分が一番の興味の対象であり、一番カワイイのである。

自分に興味が集中する女性脳は、早くから「自分の気持ち」を見つめ、同時に、自分が周囲にどう認められているかを気にしている。父親の歓心を買おうとする娘たちの気持ちは、別に、周囲が「女は男の気に入るようにしろ」と育てるからじゃないのですよ、ボーヴォワール先生。女は、女に生まれるのである。

こうして、少女たちの自我は肥大していく。思春期前夜には、地球より大きいくらいじゃないかしら。女性脳がおとなになるということは、この肥大した自我が等身大に見えるまでの道のりである。他人の目を知り、社会を知り、自分が思うほど、周りは自分を気にしちゃいないことを思い知らなければならない。良い意味でも、悪い意味でも。

「自我の確立」というのは、少年のためにあることばだ。少女の場合に必要なのは、「自我のリストラ」である。哲学も心理学も教育学も、しょせんは男たちが創《つく》った世界だからね、女の気持ちを語り尽くしてはいないのである。ときには、医療だってそうだ。女たちは、学説に用心したほうがいい。

一方、昔の父親たちは、娘たちに、「身の程を知りなさい」という教育をした。我が家の身分を知りなさい、その上、女のくせに、というわけである。社会学的には問題のあるこの発言も、脳科学的には、必要不可欠だったのだ。現代のリベラルな父親たちには、娘の肥大する自我を止められない。肥大した自我で社会に接すれば、当然、女たちは叩《たた》かれる。ときには、女友達や、母親の自我とだってぶつかり合う。

こうして、自我のリストラに失敗した女の子たちは、いきどおりの気持ちも自己に集中してしまうのである。結局は自分を憎み、攻撃してしまう。生体を、その持ち主が痛めつける拒食や過食は、そのほとんどが少女たちに起こる事件なのである。一時流行したガングロも、お風呂《ふろ》に入らない不潔症候群の女子高校生たちも、同じように自分を痛めつける女性脳の悲鳴ではないかと私は見ている。

摂食障害を起こした少女たちの家庭を指して、母親の責任（母原病）を指摘する専門家も多いが、実は、家庭内にひしめき合う女性脳たちを統制できなかった父親の責任も大きいのである。

父親が可愛がるべきなのは、自分の妻なのであって、まずは妻の女性性をしっかり認めてやらなければならない。そのもとで、娘たちに身の程を知らせるべきであって、逆は危険だ。行き先のなくなった妻の女性性が、成熟しようとする娘の女性性を無意識のうちに攻撃して、未成熟な娘の女性脳がずたずたになる。一軒の家に、「地球より大きい自我」は二つも入らないのである。

ちなみに、実直な紳士の皆様、「おいおい、そりゃどうしたって、娘の方がカワイイだろう」なんて深刻に考えなくても大丈夫。女性脳はことばで安心する脳なのである。ウソでもいいから、ことあるごとに「○○（娘）は可愛いが、きみの方が、もっと可愛いよ」と言いましょう。「○○（娘）も綺麗《きれい》になったが、やっぱり、きみの方がエレガントだね」とか、いろいろバリエーションを付けてね。幼い頃、「嘘《うそ》をついてはいけません」と教育されたのは、ここに至っては間違いなのである。結婚した男の誠意は、嘘をつき通すところにある。

なお、男の子がいる家庭では、妻の女性脳のケアは、一時期この子が引き受けるので楽である。「ママは、世界一きれい」「ママが、宇宙一、好きだよ」なんて、夫が逆立ちしても言えないようなことばを、男の子は真剣に言うからね。

うちの坊やは二歳のとき、駅のホームで化粧品のポスターのモデルを指差して、「ママがいるよ！　どうして？」と叫んでくれたのである。当時、彼の認識世界に棲《す》んでいる女性は、彼の二人のおばあちゃんと私だけだった。その中で赤い口紅を使っているのは私だけだったので、画像認識的には一番近かったのだろう。もちろん、ぜんぜん、似ていない。周囲のひとたちが「この子のママは誰？」っていう感じで、一斉に視線を泳がしたけれど、誰も私だって気づかなかったもん。私は、彼を、ラグビーボールのように脇《わき》に抱えて逃亡するしかなかった。運ばれながらも、息子は「ママ〜、あのしゃしんだよ〜、みた〜!?」と指差して叫んでいた。あー、思い出すだけでも恥ずかしい。けれどね、赤面しながらも、ちょっと嬉《うれ》しかったのである。嘘でもいいの、の女心ですね、男性読者の皆さん、コツは覚えましたか？

とはいえ、男の子のパパもぼんやりしてはいられない。息子の思春期に、今まで息子に任せっきりにしてきた女性脳の慰撫《いぶ》を引き受けてやらないと、息子が自立できないこともある。もちろん、道理のわかった母親は、そうしなくてもちゃんと子離れはするが、息子と一緒に夫離れもしちゃうケースは意外に多いのである。家庭内の慰撫役がいなくなるので、外へ求めちゃうわけですね。息子の高校受験が終わった途端に離婚宣言された、なんて、熟年離婚の次に多いケースじゃないかしら。

ところで、娘だけで構成された女系家族の場合、一家の主人がなだめるのは、妻の女性脳だけではない。長女のそれにも、（三女がいれば）次女のそれにも、末娘以外は気をつける必要がある。最初のタイミングとしては、下の娘が生まれたとき。上の娘がたとえ幼くても、女性脳にはちゃんとことばで伝えるべきである。「パパはおまえがうんと可愛い。世界一可愛い。赤ちゃんには、ナイショだけどね」（ま、赤ちゃんの方も、世界一なんだけどね。世界一が二人いたっていいのである）。

自分が父親の愛を独占していると思っている上の娘は、その分、自分が妹に愛を与えてあげなきゃ、と思うようになる。慈《いつく》しみ深い、良い姉になる。下の子が生まれて、上の子が攻撃的になったと思うお父さんがいたら、あなたの出番ですよ。娘の父というのは、このときのためだけにいるようなものなのである。

もちろん末娘にも、いつか、ふたりきりで散歩して、「やっぱり末っ子はカワイイ」とウィンクしてあげよう。

最初のチャンスを逸した方も、娘がぐれたとき、お嫁にゆくとき、出戻ってきたとき、いつでもいいから言ってほしい。女性脳には、父親にしか満たしてやれない場所もあるのである。父親に愛されたという自信は、その後の男性関係に大きな福音をもたらす。出戻りの四十の娘にだって、手遅れということはない。

私は、男尊女卑もはなはだしいうちの父が、娘の誕生を喜んだとは夢にも思っていなかった。ところが、私の息子（彼の初孫ですね）が生まれたとき、父がしみじみと「お前が生まれたときを思い出すなぁ」と言ったのだ。「お父さんは、私が生まれて嬉しかったの？」と聞いたら、「人生で初めての子どもだったので、ほんとうに感激した。お前の成長の一つ一つが忘れられない。弟の方は、ほとんど覚えていないんだが」と語ってくれた。

へぇ、私、愛されて育ったんだぁ〜、としばらくぽかんとして、やがて改めて感動した。そう言われてみれば、なんだかとても愛されて育ったような気がしてきた。脳の中の当たり前の記憶が、愛の記憶に変わる。三十二年分を一瞬に取り戻したのである。女性脳には、やっぱり、ことばで言ってやらなくちゃ。恥ずかしがらないでね、すべての娘のお父さんたち。

さて、愛《いと》しい男性脳に、視点を移そう。

自分に興味が集中する少女に対して、少年の興味は、自分そっちのけで外に向かう。齢《よわい》一歳にして工事現場に夢中になった彼らの興味は、小学校に入った頃には、宇宙にまで届くのである。

息子とその友人たちは、六歳のとき、我が家のリビングで円陣を組んで、真剣に悩んでいたことがあった。果たして自分の母親は、自分と一緒に宇宙に行ってくれるかどうか、という命題だ。

「うちのママは、行ってくれると思うよ。けっこう好奇心のあるほうだから」と息子が発言したが、私は正直に「ごめんね、ノーだ」と声をかけた。私たちは、地球で生活するために創られた身体《からだ》なんだもん、年取って適応力がなくなってから外に出るのはイヤだよ。

「地球が滅亡しても？」

「うん、そのときは、地球と一緒に滅亡する」

「じゃ、おいらも行かない」

「あなたたちは行かなきゃダメよ。未来を創る義務があるんだから」

すると、息子の友だちの一人が、泣き出してしまった。「くろちゃんちのママが行かないんなら、うちのママなんてぜったい行ってくれない」と言うではないか。他の子たちもうなだれている。うちの息子も、「ママ、滅亡しないで」とすがりついて、目が真っ赤になっている。

あら〜、どうやって収拾つけようか、と考えていたら、息子の社会の窓が開いているのを発見してしまった。宇宙や地球の未来よりも、自分のズボンを気にしてほしいよ、まったく。

「男がオトナになるってことは、厳しいことなんだよ。……だけど、わかった。きみたちにとって、そんなにママたちが必要なら、行ってあげるよ。きみのママも、くろちゃんママがちゃんと誘ってあげる、安心して」

子ども会のバス旅行じゃないんだけどなぁ、と思いつつ、とりあえず、そう言って少年たちを安心させた。実際には、人類の生き残りを賭《か》けた宇宙船に、生殖期間を終えた老婆《ろうば》の乗るスペースはないだろうけど。ま、今の時点で真実を追究してもしかたない。

ちなみに、うちの息子は、十一歳になった今でも、ズボンのファスナーに無頓着《むとんちゃく》だ。そんなの誰も気にしないよぉ、ちんこが見えるわけじゃないし、上着で隠れちゃうし、とか言ってのほほんとしている。そのうち、このファスナーがきちんと上がっているようになったら、思春期開始という合図なのだろう。もう、そんなに残り時間はないとは思うが。

自分そっちのけの男の子たちが、自分に興味を示し出すのが思春期である。声変わりと同時に、自分と母親の区別を付けて、自我を確立するときがやってくる。このときの自我は、「自分の気持ち」を見つめ尽くした後の自分本来の核ではなくて、他人が憧《あこが》れるヒーロー・モデルを目指す、イージー・オーダーの自我である。

この時期、「自分の気持ち」のコントロールに失敗すると、自分を攻撃する少女たちとは対照的に、少年たちのいきどおりは外へ向かう。与えられたヒーロー・モデルの中に、「自分の気持ち」に添うものがないと、少年たちは破綻《はたん》するのである。そうして、親を憎み、先生を憎み、社会を憎む。

けれど、それらは、自我の確立のために多少は必要なのである。生物上の競争に勝たねばならない、かわいそうな男性脳は、一時期「自分の気持《た》ち」をどこか端折《はしょ》って、ヒーロー・モデルを目指さなくてはならない。スポーツに長けるか、成績で勝つか、男気で勝つか、人気でひっぱるか。宇宙に母親を連れて行きたいと願った繊細な少年たちが、「男」というがさつな入れ物に、その心を入れ込むのである。彼らが、ほんの一時期、他者を憎んだってしかたがない。いいえ、憎ませてあげたいと思う。

というわけで、母親は、いっとき息子にしっかり嫌われなければならない。余計な一言を言っちゃって、がんがん反抗されたりしてもビビることはない。過剰な暴力さえなければ、やってるやってる、と思えばいいのだ。彼らのカワイイ男性脳が、母親の女性脳を追い出しているのだ。これがなければ、宇宙飛行士もカウボーイも博士も芸術家も育たない。やがて、雄々しい男性脳が確立したら、優しい青年になって戻ってくる。

ちなみに、同じ頃、父親も娘に嫌われる。女の子の自我が抑制されて、周囲が見えてきたとき、一番身近なオトコである父親は、男性観察の対象になるのである。女性よりも太い骨、低い声、ざらざらの髭《ひげ》の肌、男の匂《にお》い。「オトコって不潔」の世界代表選手になっちゃうのだ。けれど、これらは後に、彼女のセクシャリティの大事な鍵《かぎ》になる。この違和感が、やがて、発情の材料になるわけだ。父親は、娘の将来の快感のために、大いに嫌われてください。やがて、たおやかな女性脳が確立したら、優しい娘になって戻ってくるからね。

こうして、少女がオトナになるプログラムと、少年がオトナになるプログラムはまったく違うのである。

思春期までは、どちらも異性の親にどっぷりと依存して、同性の親と威嚇《いかく》しあって成長する。そして思春期になると、異性の親と確執して、それぞれ独立して行く。

しかしながら、女性脳の自我確立は、肥大した「自分」が等身大になる縮小の過程なのであって、男性脳の自我確立とは同じ土俵では語れないのだ。

また、母と娘は、一見仲良くしているので（自分たちも顕在意識ではそう思っていたりするので）、確執と言っても、父と息子よりも根が深い。

残念ながら、フロイトの系譜では、女心は解けないのである。

オトナ脳の愉楽

娘を持ったとき、男たちの気配はがらりと変わる。

女性脳系に偏《かたよ》る家庭内で、気張って男性脳を使うようになるので、外での男らしさが、逆にまろやかになる。気配りが繊細になり、マネージメントやサービス業の男たちは、仕事が目に見えてうまくゆくようになる。

その上、男らしさに怯《おび》える女系の（姉妹の中で育った）若い女の子には、かえってモテるようになるのである。なんで、こんな純真無垢《むく》な子が独身時代に現れなかったんだ、と思うような女性から惚《ほ》れられる。娘のいるあなた、経験があるでしょう？けど、うぬぼれちゃいけない、独身時代には現れないのである。娘の父だからこそ、この手の女性にモテたのだ。

そして、残念なことに情緒が安定しているオトナの女には、ちょっと刺激が足りなくなる。久しぶりに逢《あ》った憧《あこが》れの男性に「あれ？このひとになぜドキドキしなくなっちゃったのかしら」と思っていたら、「実は、昨年、娘が生まれてね」なんていうことが、けっこうあるのである。逢った途端に違いがわかるのだから、もしかすると、体臭というか、フェロモンの様相さえ変わるのではないかしら。

逆に、息子だけを持つ男たちは、家庭内で男性脳が供給されているので、外で存分に少年になれる。手を付けられないが、そこがたまらない。男系の（兄弟の中で育った）オトナの女御用達《ごようたし》の、扱いにくいけど発情できる男たちだ。

といっても、男女両方の子どもが揃《そろ》えばニュートラルに戻るし、子どもたちが独立してしまっても、またニュートラルになる。さらに、独身で家族と同居している若い男なら、兄弟姉妹の男女比に依存するし、職場の男女比にも依存する。これは、脳が系でバランスを取ろうとするために生じる。脳は、無意識のうちに、組織の中の脳の男女比を半々に保とうとするのである。

この言い方、混乱する方もいるかしら。整理しておこう。

脳梁《のうりょう》の太さに起因して、男と女は、原初的ないくつかの相違点を持っている（三次元点型認識と二次元面型認識ですね）。この根本的な違いは、男と女の間に、さまざまな悲喜劇をもたらしている、というのはここまでに書いた通り。

ただし、私たちは、異性の脳の機能を後天的に学習しているのである。女性だからといって機械図面が書けないわけじゃないし、男性だからといって全員おしゃべりが不得意なわけじゃない。私たちは、根本的なところでは男なら男性脳、女なら女性脳でありながら、その外側にそれぞれに女性脳、男性脳の機能を持っているのである。そうして、環境によって、自分の脳の中の男性脳：女性脳の使用比率を変えて社会生活を送っているのである。男より男性脳的な女性や、女より女性脳的な男性も、たくさんいる。男女比が偏るような職場では、異性脳が発達している人が、目立って活躍している場合が多いのである。

それでは、異性脳が発達する人は、どうしてそうなるのだろうか。実は、家族や、学校、職場など、その脳が存在する系での男性脳：女性脳比率に大きく影響されるのである。では、男兄弟が多い女の子は男性脳型になるかというと、それは違う。逆になるのである。

脳は、常に系でのバランスを取ろうとしている。親友や夫婦のような、たった二人の系であっても、どちらかの男性脳が強ければ、どちらかの女性脳が、これとバランスを取るために強く働くようになる。つまり、男性脳・女性脳比が七：三の男と付き合う女は、三：七でなければ男女関係として収まりが悪いということだ。これは、寄り添う二人の相関関係で生まれるバランスなので、同じ男性が、どの女性相手にでも七：三というわけでもない。

私の大好きなひとと私は、どちらも原初脳の強いタイプなので、ふたりきりのときは、彼が男性脳を九割、私は女性脳を九割、九：一、一：九の関係だと思う。これは、苦しいよ。「この世の始まりの魔法」が最も強くかかっているカップルだもん。ほんの些細《ささい》なことにも、傷つけ合ってロマンスになる二人だ。

七：三くらいが、最もほどよいロマンスを生み、泣いたり笑ったりしながらゴールインという組合せ。六：四くらいになると、何でも一緒、仲良しの友達カップルですね。五：五だと発情するのはちょっと難しい。

女性の男性脳比率が高くて、逆転しているカップルもいる。彼女の方が、七割近く男性脳を使っていて、彼の方が三割とかね。一見、不幸そうだが、それは違う。二次的な異性脳が強く働くカップルは、心からいたわり合える幸せカップルなのだ。なぜなら、互いが日常使っている異性脳を、互いの原初脳が深く理解しているからである。ちなみに、男性の女性脳比率が高いので、女性がつられて……というケースは、私は見たことがない。単独で女性脳比率が高い男性は、ちゃんと（？）男性を愛するみたいだ。

職場やサークルでも、脳が集まれば、その場での脳の男女比を半々にしようと、皆の脳がいっせいに探りあい、互いに感応するのである。もちろん、無意識のうちに、だけれど。

たとえば、女ばかりの会社の女性社長は、職場では必然的に男性脳にならざるを得ない。それも、男性優位の会社の男性社長の何割増しもの男性脳機能を発揮して、女性脳たちを統率しなければならないのである。男性優位の会社の男性社長は、逆に、普通の男性より女性脳を多めに使ったりしている。

当然、男性エンジニアばかりのメーカーの研究所では、女性脳機能を発揮できるマネージャーが活躍したりする。

私は、女子大の出身だけれど、男性脳優位なカッコイイ女の子が多くて、私は、ずいぶん甘やかしてもらった。男性に囲まれた女子グループだと、女の子たちの女性脳が牽制《けんせい》しあって、こんなに居心地は良くなかったと思う。

不思議なことが、一つある。男系の男性脳たちは、男らしいまま共存できるのに、女系の女性脳たちは威嚇《いかく》しあって、全員が女らしいままでは共棲《きょうせい》できないのである。

体育会系のサークルを想像してみればよくわかる。男たちは、組織と各人の男気を強め合いながら、崇高なまでに楽しく共存できるのである。時には、その流れを止められなくなったりもする。その中で、実際の生活上は、女房役・マネージャー役の男たちが、男性脳を否定されないまま女性脳機能を発揮できるのである。

女性たちの集団では、女らしさを切り捨てて男性脳機能を発揮する、さばけたリーダーがいないと意志を統一することができない。当然、何人か分の男性脳の役割を一手に引き受けるダンディ・レディがいて、なぜかたいてい彼女は美人なので、周りの女たちは言うことを聞くのである。そうして、皆、少しずつ自分の女らしさを削って、この系に参加している。この系では、各人の女らしさが、ストレスなく増殖することはありえない。

女性だけの特殊部隊のように、わかりやすい舞台設定だと女も用心できるが、女系家族の長女にでも生まれてしまった日には、たまらない。生まれた日から、この女性脳威嚇ストレスの中に放りこまれるのだもの。最初は、母親の女性脳と軽くジャブをやりあい、次女が生まれればもう深刻なストレスだ。

その上、姉妹の中で目立って優秀だったりすると、男と同等以上の社会的な活躍を期待されたりもする。こうした状況の中で彼女の女性脳が、のびやかに機能するわけがないのである。女系家族のお父さんが、頑張って家庭で男性脳を発揮しなければならない理由は、ここにある。

というわけで、男兄弟の中で育ち、男性優位の職場で働き、息子しか持たない男たちは、基本の男性脳比率が高い。もともと、男系の中で増殖させている上に、実際には系の中では足りているので、男性脳機能を日常使い切れていないのである。その分、外で発散するしかないからね。女心を甘く踏みにじる、男たちだ。

けれど、タフな女性脳にはお奨《すす》めですよ。極上のロマンスになるのは必至だもの。男と女、分かり合えないからロマンティックなのである。

一方、姉妹の中で育ち、女性優位な職場で働き、娘を持つ女たちは、女らしい外見とは裏腹に、女性脳が威嚇されていて未成熟なのである（正確には、姉妹の中で期待されて育ち、としたほうがいいかもしれない。のほほんと育った末娘には、この法則は当てはまらない）。

このため、男の真似《まね》が上手にできて、男社会で男性と伍《ご》して活躍できる。気風《きっぷ》が良くて、カッコイイ美人社長には、このタイプが多い。

ところで、このタイプ、せっかくの超イイ女なのに、男女関係は実は苦手科目。男に甘えるのも、濃厚なセックスもごめんで、あっさり淡白なのがお気に入り。と言いながら、ことばとプレゼントでは、多方面からちやほやしてもらいたいのである。複数の男友達と深入りせずに、軽やかに付き合っている。

男性脳優位の男から見たら、きれいで手間もかかるのに、煮ても焼いても……の金魚さんたちだ。けれど、もちろん、観賞魚が大好きな男たちはたくさんいる。最近では、上手に甘えてくれる女より人気が高いようである。母親がいつまでも若くて元気なので、男たちの女性脳比率が上がっているせいだと思うけど、違うかしら。

こうやって考えてみると、どんな脳も、みんな正解なのである。女性なのに女性脳が未成熟といったって、その方が仕事が出来て、男性にモテちゃったりするんだものね。もちろん、のびやかな女性脳は、男性脳優位な男と深い関係になって、セックスの快感度も高くて、それはそれで充分、幸せなのだろうし。

どの脳も、その持ち主の人生を生きるための、最も素晴らしい性能を持っている。優秀な脳と、そうでない脳なんて、ないのである。

女心の秘密

「梅雨が明けたら、橋を渡って、美味《おい》しいビールを飲みに行こう」

私の大好きなひとが、珍しく、自分からデートの提案を口にした。いつもは、ああもしたい、こうもしたい、という私の提案のほとんどを、多忙につき却下して、たま〜に気が向いたときか、私の機嫌が最悪になったときに、しぶしぶ実現するだけなのに。

ちょっと嬉《うれ》しくなったが、男性脳相手に油断はできない。このひとの魂胆はわかっている。「だから、梅雨の間は、放っておいてくれ」というのである。

私の大好きなひとは高温多湿に弱くて、梅雨の間、すっかり使い物にならなくなる。

「ねぇ、今日、こんなことがあったの」「あつい」

「どう思う?」「ワイシャツが汗で貼《は》り付いてるぜ」

「私の話、聞いているの?」「梅雨は、たまらんな」

てな具合である。ま、私も、オトナの男が暑い寒いをうんぬん言うのは格好悪いと思っているので、梅雨明けまで休戦、がホントに正解かもしれない。うっかり、キライになっちゃうかもしれないでしょ。

けれど、この梅雨明けまでの三週間、実のところ、私はとても楽しんだ。

梅雨明けの隅田川の風景に似合うように、少し髪を切った。肩の開いた水色のワンピースを買って、白いミュール・サンダルを出して磨いた。ミュールに合わせてシルバーホワイトのペディキュアを塗って、かかとの角質もきれいにした。ついでに二キロほどダイエットしたし、話題を仕込んでおこうと思って、その間に、美術館にもひとりで行ったのだ。

なので、デートの日にはけっこう綺麗《きれい》な女に仕上がって、もうすっかりご機嫌で、最初のビールを飲み終わった頃には、なんだか、このひとにすごぉく大切にされている気分になった。

けれど。

よくよく考えてみれば、私の大好きなひとは、三週間前に「梅雨が明けたら……」と提案しただけなのだ。その間、ほとんど会話もメールもなし。別にワンピースを買ってくれたわけでもないし、美術館に連れて行ってくれたわけでもないのである。けれど、それに気づいたって、私のご機嫌が消えるわけではなかった。

女心の重要な秘密が、ここにある。

女性脳の情緒は、積分関数である。時間軸に、ゆったりと蓄積されていく。男性脳のキーワードが「空間」なのに対し、女性脳のキーワードは「時間」なのである。三週間を楽しみに過ごせば、三週間分の情緒が溜《た》まるのが、カワイイ女性脳だ。女性は美容院に行くのが大好きだけど、それは単に綺麗になれるからだけじゃない。誰かが自分を大切にしてくれる時間を堪能《たんのう》しているのである。したがって、同じカットを十分で済ます、と言われても、女はぜんぜん嬉しくない。女たちが旅をするのは、空間移動のためではなくて、時間を貪《むさぼ》るためだ。湯布院がうちから三十分のところにあったって、女は興奮しないのだ。丸の内のオフィスから、十分の移動で銀座に入れば、もう寛《くつろ》げる男性脳とはちょっと違うのである。

つまりね、ドラえもんの「どこでもドア」で、しずかちゃんの脳は納得していないってことなのだ。急に宇宙空間に投げ出されたって、女はすぐに宇宙飛行士の気持ちにはなれない。急に温泉に放り込まれたって、「まぁ、気持ちいい」とは寛げない。普通は「いい加減にしてよ！」と怒るのが女性脳というものなのである。なのに、いつでも、おっとり楽しむしずかちゃんは、男性脳が創《つく》り出した幻想の少女である。これ、脳科学的には、意外に深刻なセクハラだと思うけれど？

たとえば、彼女の誕生日に気づかないふりをして、当日、いきなり、ウェイティング・バーのある高級レストランに連れて行ったとしよう。薔薇《ばら》の花束付き、なんていう趣向もプラスしようか。このサプライズに女が喜ぶかというと、とんでもない。女たちは、がっかりして、すっかり泣きたい気分なのである。

だって、高級レストランに行くのなら、それなりのおしゃれをしたかったじゃない？　男が気張ったスタイルで来ないと思えば、女もそれなりの格好をしてくる。バランスが悪いからね。予告がなければ、カジュアルな服でやってくる。男にはカジュアルとゴージャスの区別が付かなくても、女はちゃんと区別している。

そうと言ってくれれば、化粧の前に美白パックもしたかったし、新しいスーツの仕付けを昨日のうちに外しておきたかったし、美容院にも行きたかったし、待ち合わせの前にほんの少し散歩もしたかった。そういう楽しみを全部、奪われてしまったのだもの。

けれど、心優しい女たちは、彼のサプライズに喜んでいるふりをするのである。忙しい彼が、たぶん、今日のお昼休みあたりに誕生日に気づいて、慌《あわ》てて精一杯のことをしてくれた。それはそれで愛《いと》しいもの。

けれど、残念ながら、彼女の心に残るのは、「大切にされなかった」悲しい誕生日の思い出である。これぱっかりは潜在意識のなすことなので、彼女がどんなに優しくてもリカバーできないのだ。男たちは、肝に銘じたほうがいい。

反対に、空間移動をしなくても、時間を稼いでやれば女性脳は満足する。結婚記念日の二週間前に、カレンダーを眺めながら、「今年は、日曜日だね。美味《おい》しいワインでも調達しようか」なんて声をかけたら、それでOK。女性脳には魔法がかかる。二週間のあいだ、「あのひとったら、やっぱり優しい」とことあるごとに嬉しくて、テーブルクロスを新しくして、ホームパーティで十分満足してしまうのである。

私が男なら、女性脳相手に、年間一二回のイベントで、三百六十五日大切にしているように思わせる演出をする自信がある。

さて、男性陣にこのお話をすると、そこまで期待させておいて、当日仕事でキャンセルせざるを得ないときが恐ろしい、と皆さん、おっしゃる。

大丈夫。もう一度、復習するよ。女性脳は、時間軸に情緒を貯《た》める脳なのだ。当日の成果がゼロでも、三週間の嬉しさはやっぱり残るのだ。

「ごめんね、忙しくて」

「いいわよ、梅雨明けじゃなくたって、秋のビールも美味しいもの」

なんて、たおやかな会話が成立する。それはそれで、肩の開いたワンピースに羽織るショールの算段なんかして、また楽しめるのである。これは、別段、女がいい女だからじゃない。男が、女性脳をうまく操縦したから、なのだ。

たおやかな恋人を持つ男たちは、「時間を稼ぐ」のが実にうまい。「公孫樹《いちょう》が色づいたら、神宮外苑《じんぐうがいえん》を散歩しようか」「寒くなったら京都に行こう」なんて、めくるめく一年を提供してくれる。けれど、気づいてみると、そんなにデートの数は多くないし、実際に実現するのは口約束の半分以下。それでも、いいのである。

真か偽かの論理式で、その場その場を判断して行く男性脳は、成果がゼロならやっぱりゼロだ。彼らの好きなことばに「不言実行」なんていうのがあるくらいで、言ったのに成果がゼロなら、情緒はマイナスである。

このため、男性脳は、やっぱり成果を積み重ねないと不安になる。仕事の成果が積み重なって、肩書きになる。そうやって、自分の人生を再確認しているのである。

女が、嬉しい作業を積み重ねれば、たとえ成果にならなくたって、その時間の積み重ねの分だけ自分の人生が確かな重みで感じられるのと、もうこれは、ぜんぜん違うのだ。だから、女は家事もできるし、育児もできる。

そう考えると、戦後の高度成長期を必死に走り抜けて、ここへ来てリストラされる男性脳の苦しみは、女性脳には計り知れない。女は、成果と肩書きにいのちを賭《か》ける男性脳を、ときには理解してあげなければならない。

もう二十年以上も前の映画だけど、『クレイマー、クレイマー』というアメリカ映画があった。ダスティン・ホフマン演じる、仕事に夢中で家庭を顧みない夫が、やっと満足のいく昇進を果たして家に帰ってきた日に、妻に出て行かれるのである。昇進が何？　あなたの夢に、とうの昔から私と息子は入っていないじゃないの。

ミスター・クレイマーにとっては、昨日まで人生の情緒感がゼロだったのだ。肩書きを得て、やっと人生が「真」に転じた。この満ち足りた思いを家族と分かち合って、ここから、妻との人生を考えるはずだったのに、と途方に暮れる。

ミセス・クレイマーにとっては、昇進なんてばかばかしいお祭り騒ぎにすぎない。ここまでの人生時間を何も紡《つむ》いでこなかった夫に、「キレて」しまったのである。ここまでの積分値が限りなくゼロに近いのに、いきなり昇進したと騒がれたって、女性脳は憤《いきどお》るだけだ。

残念なことに、映画では、「夫は昇進しても、私はただの主婦」というひがみのような扱いをしてあったような気がする。あるいは、二十歳そこそこの私が、そう勘違いしてしまったのかもしれない。

二人のクレイマーは、どちらも相手に深く傷つけられたと思っている。この大いなる断絶は、「時間を紡ぐ女性脳」「成果だけが頼りの男性脳」が理解できないと、男と女の間の永遠の溝になる。

そういうわけで、思いを時間軸に貯めて行く女性脳は、マイナスの感情にも同じことが言える。貯めて貯めて、ある日、閾値《しきいち》(状態が劇的に変化する分岐点の値のこと)を越えたら、あふれる。あふれたら、ゼロクリアだ。すなわち、キレるという状態である。どうしたって、取り返しが付かないのである。

男性脳は、その場その場の真偽判定の脳なので、三回許したことは、一〇〇〇回でも許せる。女性脳は違う。一万回許しても、一万一回目にあふれたら、もう二度と情緒的にはなれないのである。

たとえば、新婚のある晩、「あなた、靴下をその辺に脱ぎ捨てるのは止《や》めてね」と、新妻が言ったとしよう。夫は、次の日くらいは聞いてやるかもしれないが、すぐに元の癖が出る。妻は何度か小言を試みるが、ある日、止めてしまうだろう。夫は、「自分流に教育できたぞ」と高をくくるかもしれないが、油断は禁物である。そうして、無事に二十年の月日が流れたある朝、布団《ふとん》の間に挟まっていた一枚の靴下で、女性脳はあふれることがあるのだ。

その靴下が、黒くて大きなナメクジのようなものに見えてきて、箸《はし》でつまんで洗濯機に入れることになる。こうなると、もう夫の触ったタオルも嫌、夫の吐いた空気も嫌、夫が心底気持ち悪い、となってしまうのだ。ほとんどの熟年離婚がこのケースである。

夫たちは、妻が昨日まで機嫌よくやっていたことを、今日から拒絶されるので、まったく理解ができない。だけど、「ははぁ〜ん。他に好きな男が出来たんだな」と邪推するのは大間違いである。たいていは、単に夫が気持ち悪くなってしまったのである。仮に、よそに恋人が出来たのだとしても、女たちは、先にキレたのだ。そのキレた話をちゃんと聞かずに、「その男は誰なんだ」なんて追及したら、夫は、妻の中でますます気持ち悪い存在になる。

熟年離婚を積極的に望んでいないのなら、男たちは、気をつけた方がいい。キーワードは、「時間で溜まる情緒」である。

そうそう、もしもゼロクリアされちゃったら、ふたりで旅に出るのもいいかもしれない。旅という特別の時間は、女性にとって擬似人生時間である。一回の旅で、十年分くらいの夫婦生活は取り戻せる。ただし、プランニングから実行まで、ゆっくり時間を取ってあげてね。私の本に「お、そうか」と納得して、仕事の合間に旅行会社のパンフレットをさっさと持ってきて、「おい、これに行くぞ」なんて進めちゃダメですよ。くれぐれも。

美人の秘訣《ひけつ》

さて、男が、女性脳のキーワード「時間」を理解していない一方で、女たちは、男性脳のキーワード「空間」をあまり理解していない。

女性脳の思考空間は、基本的に一つである。同じ場所に、家庭も職場も遊び場も入っていて、今、片付けなければいけないことを、家事も仕事も子どもの相手も、同時並行にやってのける。

たとえば、仕事中に、急に雨が降ってきたとしよう。女は、即座に子どもの傘を心配し、今日履いてきたパンプスが本皮の高級品だったことを思い出し、「後で防水スプレーを買わなきゃ、それよりも、こういうときのために雨用の合成皮革のパンプスを会社に置いとかなきゃねぇ」とひとりで反省し、「そういえば、寝室の窓、開けてきたんじゃないかしら」とちょっと不安になり、帰り道のスーパーが雨の日割引でパンが安くなるのを思い出す、くらいのことは、一瞬のうちにやってのける。

加えて、恋人（夫）が外出中に雨に降られたんじゃないかしら、と思いを馳《は》せ、彼の携帯用の傘どうだったかなと、ふたり一緒に雨に降られたシーンを思い出してみる。で、ついでに雨の日のデートを思い出して、ちょっと嬉《うれ》しくなったりもする。なんてことを仕事の手を休めなくたって、できてしまうのだ。

つまり、一つの思考空間の中に、過去も未来も、恋人も夫も子どもも、なのである。このため、女は大切なものを常に心に置いて忘れないし、さまざまな思考の周辺にちらりと思い浮かべる。

浮気をしていても、本命の男がずっと心にあるし、仕事をしていても子どものことを忘れる瞬間はない。なんて話を女同士でしていたら、セックスの最中に、ガス栓を締めたか思い出し確認する、なんていうツワモノもいた。それも、ちゃんと快感への階段を上りながらである。だもの、ふたりの恋人をつぶさに較《くら》べる、なんてことも簡単にやってのけるのが女性脳である。

もちろん、仕事の合間のちょっとした移動中に、恋人や子どもに、電話やメールを打つこともお手の物だ。なにせ、何もかもが一つの思考空間に入っているので、どんどん思考のテーブルに載せては処理できる。

……という女たちは、自分がそうなので、男たちにも当たり前のようにそれを期待してしまう。私のことを思ってくれているのなら、仕事の合間にメールの一本もくれてもいいはずだ、と思っている。「夕飯が要らないなら、電話の一本もくれればいいのに。トイレに行く暇にできるでしょう」とかね。夕飯を作って無駄にされる妻の方は、三十分以上の時間のロスである。片付けたい食器も片付けられないし。

けれど、これができないのが男性脳なのだ。

男性脳の思考空間は、一つじゃないのである。複合型映画館のように、複数の思考空間が存在し、その間を行ったり来たりして生きているのだ。たとえば、家を出て、通勤電車に乗れば、彼らの思考空間は仕事モードに遷移《せんい》する。こうなると、さっき手を振って送ってくれた家族は、昨夕《ゆうべ》見たホームドラマくらいに遠い存在になる。思考空間に入っていないのだ。仕事中に雨が降ってきたからって、「そういえば、今朝、女房がシーツを干していたな。かわいそうに」なんて思いを馳せる男は皆無だろう。夕飯が無駄になって申し訳ない、なんて、実際に夕飯の皿を見るまで思いつかないのが大半である。

若い女の子と食事しているときの自分の家庭なんて、「そんなものあったかな」くらいにおぼろげで、したがって、目の前のお嬢さんと女房を較べてどう、ということもない。女房は女房の空間で一〇〇％大切に思っているし、若い女の子がにっこりしてくれたら嬉しい、という気持ちとは、まったく別世界なのである。

したがって、自分の空間から出かけていった男が、こまめに電話やメールを寄こさないから、若い女の子とデートしたからといって、女はいちいち目くじらを立てることもないのである。

また妻が、家庭空間以外の、男の今日の出来事を尋ねるのも、彼らにとっては苦痛である。別の思考空間に入って、思考アイテムを調達してこなきゃならないからね。

「以前、うちにいらした○○さん、今も同じ部署にいるの？」

「ああ」

「どうしてる?」

「どうしてるって、毎日来てるさ」

妻が聞きたいのは、「きみも知ってる○○いるだろ？　あいつさぁ」みたいな世間話なのである。職場結婚で新婚のうちは、そんなこともあるかもしれないが、夫の脳の中に「家庭空間」がしっかり出来てしまえば、職場の話を持ち込んだりしないようになる。気持ちが冷めたのではなくて、それが男性脳なのである。

対する妻は、スーパーでの出来事や、隣の奥さんの噂話《うわさばなし》を夫に垂れ流すが、これは実はサービス。夫は、うんざりしないで、相槌《あいづち》を打とう。妻が熟年離婚を考え出したら、もうそんな口はきいてくれない。

女は、すべての思考アイテムが、一つのテーブルに載っている。男は、いくつかのテーブルを持っていて、そのテーブルごとに世界観や誠意が違う。このことは、夫婦の会話以外にも、いろんなすれ違いを起こすのである。

たとえば、嫉妬《しっと》にかられるとき。

女は、男が自分と一緒にいるとき、もう一人の女性を忘れていないんじゃないか、と嫉妬する。妻のある男と恋をした女は、男のちょっとした会話の空白に、妻を思っているのではないか、と邪推する。自分がそうだからね。

男は、女が自分と一緒にいないとき、自分のことをすっかり忘れてしまうことを懸《け》念《ねん》する。自分がそうだからだ。

けれど、どちらも有り得ない。女は、抱き合って気持ちいい男のことを片時も忘れないし、男は、恋人と一緒のときに妻を思ったりはしない。

同じ「嫉妬」ということばが、男と女でここまで違うのである。相手の嫉妬を解こうとして努力していることさえ、実は的外れ、ということもある。男性脳と女性脳、どこまでもドラマティックに出来ている。

さて、「空間」というキーワードを、別の視点から見てみよう。

男は、美人も、空間で認識する。女の存在空間の中での、佇《たたず》まいの美しさのようなもので、彼女を美しいと思うのである。

モノをべったりと二次元的に見る女性脳は、目の前の生身の人間も、まるで写真を見るように認識する。目が大きいとか、鼻が高いとか、肌や髪が美しいとか、化粧の仕上がりとか、そういう「部分」をしっかりと観察しているのである。代わりに全体のバランスに弱いし、姿勢の美しさも二次的な要素になりやすい。したがって、女の場合、写真にアップで撮って美しい人と、美人がほぼ同義なのである。

一方、男は、モノを舐《な》めるように二次元的に見るのが不得意だ。物体を点で観測し、脳の中で空間構成する癖のある脳なのである。したがって、艶《つや》のある髪と、ふっくらした唇と、すっきりした歩き方の三点観測くらいで、この女をたいへんな美女だと思い込む。

先日、若い女性向けの雑誌を読んでいたら、「男から見た、『愛されるひと』の条件」というアンケートがあった。そのビジュアル部門の第一位は、「姿勢の良さ」だったのである。目鼻立ちの美しさを押さえて一位のこの答えに、この記事を書いていた女性記者もびっくりしていたが、男性脳的には当たり前である。

男性を意識して装《よそお》うのであれば、凝ったアイメイクも、こてこてのアクセサリーも要らない。存在する空間の中に、すっきりと納まって、全体にバランスの良いこと。メイクもそうだし、服装もそうだし、立ち居振る舞いもそうである。

スリットの深いスカートに派手な網タイツは、夜の酒席だから嬉しいのであって、会議のときの女性スタッフがそういう格好をしていると、不快に思う男性も意外に多い。外でのデートでは、伸びやかに歩いてほしいけど、ホテルのバーでは、がさつに動いてほしくない。

会話もそう。延々としゃべり続けて空間を占有し続ける女には腹さえ立つし、仕事の話の最中にプライベートな話題を挟まれるのは好きじゃない。逆に、寛《くつろ》いでいるときに仕事の話をされるのも不愉快だ。仕事の最中に、妻や恋人から電話がかかってきたら、舌打ちしたいくらいである。

とにかく、彼らの空間美学を壊さないでほしいのである。

存在する空間にバランスよく納まる、美しい佇まいと、適度な会話量。これが美女の条件であって、目鼻立ちの美しさは、ずっと後にくる。目鼻立ちのきれいな女は、普遍的に美人である、と思い込んで、今日も今日とてアイラインを引く女性脳には、ちょっと想像が付かない。

こういう男性脳の機能からいうと、女がオトナになって、ここぞというデートをするのなら、上質のホテルのロビーで待ち合わせて、そのままホテルのダイニングかバーに行くコースをお奨《すす》めする。

上質のホテルは、穏やかな色合いの間接照明を重ねて、奥行きのある空間を創《つく》っている。明度の高い直接照明と違って、表面の質感をあらわにせずに、存在感だけを演出する。

すなわち、肌と髪のはりは多少衰えていても、姿勢の良い、佇まいのおだやかなマダムたちのための空間だ。

男性脳は、空間に感応する。化粧やネイルの念入りな仕上げよりも、空間と佇まいに騙《だま》されるのである。知恵を使えば、女の賞味期限は意外に長い。若いときの思い込みは、捨てたほうがいい。

会議は踊る

「さやかは、どうして、あゆみちゃんにあんなに冷たいんだろう?」

我が家のリビングで、プラモデルを作りながら、息子のクラスメートの男子がふと言った。

「おいら、さやかに聞いてみたんだよ。そしたらさぁ、あゆみちゃんが、何か失敗しちゃったときに、ごめんね、ごめんねって、何度も言うのがキライなんだって」

と、息子。

「え〜っ、なんでだろう。丁寧にあやまってるんだから、いいじゃん」

は、残り全員の合唱だ。もちろん、皆、男子である。

そりゃあ、うざったいよね、さやかちゃん。と私は、心の中で同情した。まんまる目のあゆみちゃんが、小首をかしげながら、鼻にかかった甘え声で「ごめんねぇ」と言うの、私も見たことあるもの。反省しているというより、媚《こ》びている。凛々《りり》しいさやかちゃんは、その精神構造がイヤなのだ。

男の子は、正しいか正しくないかで口をきく。悪いヤツだから、あるいは弱いヤツだから仲間に入れない。そのどちらのレッテルも貼《は》れない場合、あやまってるのに仲間はずれにする正当な理由を、男性脳は見つけ出せない。

女の子は、好きか嫌いかで行動を決める。うざったいから、冷たくする。男子は、それが正しい行為とは思えずに陰では指摘するが、女子全員のたくましいブーイングが恐ろしくて、とても面と向かっては言えないのである。

小学校の学級会で、既に男子と女子は同じテーブルで話し合っていない。

ビジネス会議の男女「脳」関係も、のぞいてみよう。

ある市で、公園を造る計画が持ち上がった。駅前に、比較的大きな土地を確保する市民公園は、市の顔になり、市民の憩《いこ》いの中心になり、その生活スタイルにも影響する。検討チームは、今流行《はや》りの「男女共同参画プロジェクト」に則《のっと》って、男女半々で結成されたそうである。

さて、私は、このチームの女性から、ちょっとした相談を持ちかけられた。話の最初に男女「半々」と聞いて悪い予感がしたが、結果はまさにその通り。毎回、会議が迷走して収拾が付かない、というのだ。

ははん、それは、こういうことでしょう？　と、私は頭に浮かんだ会議の様子を口に出してみた。

男たちは、空間設計から入るはずだ。鉄道ジオラマに夢中になるみたいに、真ん中に噴水をおいて、路《みち》をこうつけて、広場はここにと、さっさと男性脳共通の公園イメージを作り始める。駅のホームから見えることも意識して、市の象徴になるようなモニュメントも置こうと、ちゃんと「文化」や「スローガン」にも気を配る。市民祭りに使える規模の広場を持つなら、トイレの数の問題も考える。隣接商店街との連携や、予算のことも忘れない。

男性脳的には、初期の検討課題ならこれくらいでコース取りは十分だと、思っているはずだ。項目をリストにして、早く文書化しようと気が焦《あせ》る。一方、女性脳の「検討」は、ここから始まる。

「噴水？　だったら、今流行りの、舗道と境界線のないタイプがいいわね。夏の昼下がり、小さな子どもたちがサンダルで入って、水遊びができるようなの」

「そういえば、福岡のなんとかシティっていうビルの広場がそうでしょ？」

「そうそう、おしゃれなのよ。いろんなタイプの噴水がずらりとあって。それを眺めながら、お茶が飲めるカフェがあって。あ。考えてみれば、ベンチも要るわね。お年寄りだって寛《くつろ》げるように」

「イングリッシュ・ガーデン風なんていうのは？」

「あー、それは手入れが大変」

男たちは、女たちの一見取りとめのないようなおしゃべりに、「仕事」の邪魔をされたような気分になる。けれど女たちは、公園と自分たちがどう関わるか、その日常のものがたりを検討してみないと、公園が必要かどうかさえも測れないのだ。人生のさまざまなシーン、四季折々、朝昼晩のあらゆるシーンになぞらえて、女たちの相互検討は楽しそうに延々と続く。

男たちは、予算に見合った納まりの良い空間を、時間軸を止めて検証する。時間軸のない彼らには、脳内タイムマシンを自在にあやつって、さまざまな生活シーン、人生シーンの公園のあり方を評価する女たちの会議は、いったいどこへ行ってしまったのかわからない。途方に暮れて、憮然《ぶぜん》とする。「だから、女はビジネスに向かない」なんてことばを、ごくりと呑《の》み込むのである。

一方、女たちは、運営シーンを軽んじる男たちが、ばかみたいに見える。それこそが公園の機能設計なのであって、どこに広場を作るかは、それに較《くら》べたら些《さ》細《さい》な問題だ。男性脳は「空間」、女性脳は「時間」の論理が、ビジネス会議でも両者の間に溝を作るのだ。

「でしょ?」

先の公園チームの女性に確認したら、まるで、その場にいたみたいに当たっています、と、驚いてくださった。

この話、私には、冷蔵庫のバター探しと同じ命題に見える。どちらも誠心誠意、一生懸命なのに、相手の態度が不誠実に見えてイライラしてしまう。かくして、男女共同参画会議には、男対女の構図が出来上がってしまうのである。

はっきり言おう。この二つの論理は、絶対に相容《あい い》れない。半々、混ぜこぜに話し合うことは不可能だ。だからといって、高度成長期を終えたこの国では、この二つの論点は、どちらも欠かすことができないのも事実である。効能のないモノは売れない時代、女たちの考え出す「その商品(サービス)が、人生にとってどう嬉《うれ》しいか」は、後に欠かせないマーケティング・ポイントになる。

私自身は、商品などの企画会議は、男性脳型会議と女性脳型会議に、しっかりわけて話し合うことを薦めている。今日は、男性脳型の会議を行うと決めたら、徹底的に機能と効率について話し合う。この際、その機能周辺に延々と「ものがたり」を紡《つむ》ぐことは禁止である。ちょっと話題になってもいいが、発展はさせない。

逆に、今日は女性脳型の会議を行うと決めたら、たくさんの「ものがたり」を、自由に出し合う。嬉しいこと、楽しいこと、好きなことをいくらでも。男たちは、どんどん膨らむ「ものがたり」に、剪定《せんてい》のハサミを入れたくなるが、それを我慢して自分も参加する。二十世紀の効率追求型社会で訓練された男たちには、ほとんど苦行に近いが、これこそが二十一世紀の日本企業に必要な企画力アップのコツなのである。

何が正しいか、ではなくて、何が嬉しいか。何十年も前の学級会でさえ、好き嫌いを言うのを潔《いさぎよ》しとしなかった男たちには、なんとも厳しいテーマだ。

実際には、まだまだ男女半々の会議というのは少ないだろう。社会構造上、労働人口では、男性の数の方が優位である。女性の数が三割以下なら、女が男に迎合しすぎないように気をつけて、本来の自然な気持ちでいれば大丈夫。男性主導型のお行儀の良い会議で、女性が奔放な意見を言って企画に色づけする、理想的な会議が展開できる。

ところで、女が気づいていない、男社会の暗黙の約束事がある。服装である。

男たちは、ワイシャツにネクタイ、ジャケットという「制服」を着ている。この格好は、「私は、ビジネス・プロトコル（作法）で、ちゃんと話ができる」という証明だ。男たちは、ハンサムに見せるために装《よそお》っているわけじゃないのである。

エグゼクティブ・クラスのビジネスマンは、ダークカラーの仕立ての良いスーツに、貝ボタンのホワイトシャツがお約束だ。間違ってもノーアイロンのワイシャツは着ないし、カラーシャツは禁忌である。白やパステルカラーのソックスも言語道断だ。クリエイティブなフィールドのビジネスマンなら、カラーシャツもあり得るが、その場合は、ジャケットも、テーラードでなくマオカラーだったり、素材が皮だったり、多少の遊びがある。それはそれで、クリエイティブ・ビジネスのプロトコルで話ができることの表明だ。

現場のエンジニアや営業マンは、ノーアイロンのシャツでも許される。オックスフォード地のボタンダウンやブレザージャケットも、動き回る人たち向けのアイテムである。彼らは、この服装でフットワークの軽さを示している。

男たちは、微妙な立場をビジュアルで示し合って、互いに初対面でも、余計な攪乱《かくらん》や威嚇《いかく》をしないように配慮している。名刺を交換し合う前の、暗黙の情報交換があるのだ。そのデリケートな戦場で、この国の女たちは、服装に無頓着《むとんちゃく》すぎないだろうか。

チーフと思《おぼ》しき女性が、セーターにロングスカートにウェスタンブーツ、お隣は、ブランド物の気取ったキャリア・スーツ、そのまた隣は、フリルのワンピースなんていうばらばらな組み合わせのプロジェクト・チームに、いったい何をどう話せばいいのか、女の私でも混乱してしまう。空間美学のしっかりした男性脳には、拷問《ごうもん》に近いのではないかしら。

エグゼクティブの女性であれば、膝丈《ひざたけ》のスカートとジャケットのスーツが基本である。男性エグゼクティブはダークカラーが基本なので、淡い色を使うと周囲に引き立ててもらえて失敗しない。女性らしさを出したいシーンでは、ツーピースも効果的だ。重要な商談では、パンツは避けたほうが無難。社内作業日でなければ、ニット類は考えられない。

クリエイターや技術者、営業ウーマンなど、現場で活躍する役回りなら、パンツも颯爽《さっそう》として好感度が高い。このフィールドなら、ニットジャケットも許される。また、どのフィールドであろうとも、くるぶしまで届くようなロングスカートや、ミニスカートは職場で着用すべきではない。どんなに、女っぷりが上がろうとも、我慢してほしい。男たちはちやほやしてはくれても、仲間扱いしてくれなくなる。

そう。女は、職場で、仕事をしたいのか、男にちやほやされたいのか、そのどちらにするかの覚悟を決めるべきである。女性の八割は、その区別が付いていないか、そのどちらも欲しがっている。けれど、男性脳は、この二つを混ぜられないのだ。発情してちやほやしたい女と、仕事の信頼を分かち合う相手は、同一にはなりえないのである。

もしも、職場で仕事するのだと覚悟を決めたら、今日から服装も、発言も、すべて、仕事のために捧《ささ》げよう。女っぷりを上げるためにおしゃれをするのではなくて、ビジネス・プロトコルに則って、自分の機能をわかりやすく表現するために服装を整えるのである。自己表現のために発言するのではなくて、職場での機能を果たすために発言をするのである。自《おの》ずから、ふわふわした発言や感傷的な発言、愚痴は出なくなる。

けれど、徹底的にそうすると、女っぷりは、実は上がるものなのだ。このバランス感覚に惚《ほ》れる上質の男がいる。職場では信頼しあった仲間であって、プライベートでは情熱を分かち合える恋人になる、というのも、オトナならではの濃厚な官能である。精神的にものすごいフィット感だもの。

ただし、職場でもベッドでも一緒、は長続きしない。夫婦よりも賞味期限は早く切れるはず。彼のベッドがとても良くて惜しいなら、職場の関係に距離を置こう。いい仕事よりも、肌の合う男の方が希少だもの。え、逆？　まぁ、人それぞれ、だものね。

ヒロインの作り方

「私を食べ物に喩《たと》えたら、何？　言ってみて？」

私の大好きなひとに、そんな質問をしてみた。彼は、虚を衝《つ》かれたような顔をして即答できず、しばらくして「煮ても、焼いても」と、にやりと笑った。「喰えない？」と、突っ込んであげたら、「美味《おい》しい」だそうだ。一応。

実はその日、地下鉄の中で、まん前に座ったお嬢さんを見て、私は厚揚げを思い出し、どうしても頭から離れなくなってしまったのである。あの、お豆腐を揚げた、厚揚げである。

年の頃なら二十七、八だろうか。しっかりした、品の良い女性である。「おっとりした」品の良い女性なら豆腐のイメージだったのかもしれないが、ものの道理をわきまえたようなかっちりした感じが全体を覆《おお》っていて、これが厚揚げに見えたのかもしれない。

地味なセーターに、しっかりした顔立ち。少し骨太の、健康そうな体格。このどっしりした存在感は、女が想像するよりも（ときには本人が想像するよりも）男受けするはずだ。

それにしても、ひとりの女性から、一つの食べ物を、ここまで強烈に喚起されるなんて、何の現象だろう。それも、厚揚げである。

厚揚げというのは、あまり、夕食のメインには数え上げられることのない食材だ。「今日、何、食べたい？」「ぼく、厚揚げ！」なんていう会話は、そうは交わされない。積極的に思い出される食材じゃないのである。けれど、おでんに入れても、炒《いた》め物に加えても、あぶって生醤油《きじょうゆ》をかけても、食卓に出せば皆の箸《はし》がのびる、人気のおかずである。

私にも、厚揚げがちゃんと見えてきたのだなぁ、とふいに気づいた。厚揚げは、母か姑《しゅうとめ》が出すものだった。出されたら美味しく食べるけれど、豆腐屋の前でわざわざ立ち止まるほど、厚揚げを意識したことがなかったのである。

私が作れば、カレーにサラダという夕食を、姑が作ると、これに厚揚げ煮とうずら豆が付く。一見、ちぐはぐなようだけれど、下町の食卓の厚みのようなものが、そこにはある。厚揚げは、その立役者だったんだなぁ。

女もそうである。ショートケーキみたいな、キレイでスイートな女の子がいいなんて、雑誌とTVの中だけの出来事だ。実際には、焼き厚揚げの生醤油かけみたいな女の子、けっこう人気がある。地下鉄の厚揚げの女性には、ちょっと話しかけてみたい魅力があった。今朝の理不尽な事件のニュースを「どう思う?」とふったら、彼女なら、ちゃんと正しく憤《いきどお》ってくれそうだ。そういう信頼感である。

それに、こういう骨格のしっかりしたもち肌の女性は、三十半ばを過ぎれば迫力が出てくる。子どもを持てば大らかさと艶《つや》が加わる。そうなったら、どんな分野でも筋金入りのプロに見える。人生の旬《しゅん》が、遅めに艶《あで》やかにやってくるタイプなのだ。

ああ、この厚揚げの素材感はいいなぁ、と私は思った。私も大好きなひとから、厚揚げ、って言ってもらいたい。地下鉄の中で、私は羨望《せんぼう》した。食卓の「厚み」として長く愛してもらいたい。

しかしながら、羨望の眼差《まなざ》しで見ている私の前で、地下鉄のミス厚揚げは、ちっとも自分の魅力に気づいていないようだった。服装は無頓着《むとんちゃく》、髪や爪《つめ》も長い間かまっていないのがわかる。自分のことを好きじゃない、ってことなのだろう。一緒にいた同僚と仕事の話をする彼女の声は、長いこといらつきながらしゃべっている人に共通の抑揚を持っていた。

旬はこれからなのに、彼女はとうに自分に見切りをつけている。きっと、同世代の華奢《きゃしゃ》で小ぎれいな女の子たちに見劣りしているような気がして、職場のヒロインになりきれないんだろうなぁ。

若い女の子たちがこぞってダイエットして同じような化粧をして、なんだか区別が付かなくなっちゃったのはいつからだろうか。そうして皆、似たようなキャリアウーマンを目指している。マーケティングや広報みたいな華のある職場で活躍するクール・ビューティ。で、ちょっとカワイイ感じ？　なんだかなぁ、そんなステレオタイプな「ショートケーキ」、私なら話をしてみる気にもならない。

三十そこそこでいっぱしに見えるなんて、いかにも小粒だ。二十代なんか「はみ出してみっともない、骨太の自分」を持て余すくらいでちょうどいいのである。だって、エグゼクティブ・ウーマン（上級管理職クラス以上）を目指すなら、ゴールは五十代でしょう。三十歳の「あがり」なんて、中間地点のひとつにしか過ぎない。どうだっていい。

それに、もしもヒロインを目指しているのなら、憧《あこが》れの目標を「誰もが憧れるステレオタイプ」に設定してはダメなのだ。既に確定したヒロイン・モデルに自分をはめこんでも、常にそのモデルからの引き算でしか生きられない。特に、今みたいに華奢でぎくしゃく動く女の子が（なぜか）人気の時代には、遅咲きのミス厚揚げは、せっかくの素材をないがしろにして生きることになる。

プロになろう。興味が持てるものなら、なんだっていいのである。「私なんか単なる事務職で、何の才能もないし」という人がいるけれど、一般事務だって、ひとりで一通りこなせれば立派なプロだ。たとえば、私のようなベンチャー会社の社長なんて、たいていは技術畑や営業畑の出身で事務仕事にはとんと疎《うと》い。事務仕事の全容を把握することさえ難しい。そんなベンチャーに「ひとりで何でもこなせる事務員です」と売り込めば重宝される。その事業が当たって大企業になれば、創成期の社員として取締役も夢じゃないのである。

私自身は、目立つのが嫌いなので黒子に徹することができるエンジニアになり、やがて独自の分析プログラムを開発して語感分析者になった。独自の分析手法を発明したのは先達の大先生たちの理論がちっとも身につかなかったからで、自分で作った方が早かったのである。分析者に納まったのは、部屋にこもっているのが大好きだから。いずれにしろ、あんまり高い志ではない。

けれど、男女脳別の語感分析が珍しいとのことで、最近は、TVや雑誌などに出していただく機会も増えている。四十過ぎて羞恥心《しゅうちしん》も枯渇《こかつ》したのか、たまにメイクしてもらって、スポットライトを浴びるのも悪くないなぁと思って暮らしている。

若い人たちが思っているより、プロフェッショナルと呼ばれる方法はいろいろある。この世にはいろんな役者が必要で、希少ならばそれなりに重宝される。苦労して手に入れた所作は、必ずお金に換えられる。人生の旬も意外に長い。

誰もがうらやむ華やかな三十代のキャリアシーンなんて、選択肢の一つにしかすぎないのである。そのくせ、道が混んでてちっとも先へ進めない。馬鹿馬鹿《ばかばか》しいと思わない？

というわけで、ヒロインになりたければ、誰もが憧れるヒロインには憧れない、というのは人生の重要なコツじゃないかしら。自分の素材感をじっくり把握して、大衆が憧れるヒロイン・モデルじゃない、自分だけのヒロイン・モデルを創《つく》り出せばいいと思う。そのヒロイン・モデルの最高点は、常に、自分に与えられるのだもの。

男性も同じである。今、この国で、枯渇しているのは、完全な参謀役に徹することができる人材だ。主役に常に光を当てる、陰の仕事を喜びとする頭脳派のヒーロー・モデルが、戦後の女々しい民主主義の中で消えてしまっているからである。このフィールドには、何通りもの新ヒーロー・モデルを創成できる。

　さてと、ヒロインに興味のない私の二十一世紀の目標は、大好きなひとの厚揚げになりたい、である。

　冒頭の質問に続いて、大好きなひとに「厚揚げは好き？」と聞いたら、大好きなのだそうだ。夕食のメインに「今日は厚揚げ！」と思いつくし、バーベキューの素材には絶対に欠かせない、主役の素材である、と、珍しく興奮して言うではないか。厚揚げは、食卓の脇役《わきやく》と言ったら、「厚揚げを馬鹿にしちゃいけない」と、叱られてしまった。

　困った。これは、ねじれの展開である。主役になりたくて、厚揚げをイメージしたわけじゃないのに、このひとは厚揚げが主役だという。私は、頭が混乱してきた。

「りんご、かなぁ」

　彼が、ふいにそう言った。私を食材に喩えたら、の回答である。

「煮ても焼いても食べられるし、熟成させれば酒にもなる」

　なんて模範的な回答かしら、とうっとりしたが、これを聞いた息子が頬杖《ほおづえ》をつきながら、ぽつりと言った。

「りんごって、いつでも食べられるような気がして、結局、腐らせちゃったりするんだよね」

おいおい、それだけは止《や》めてくれ。

オトナの女の必需品2

「おいらが、ママの言うセリフの中で、一番好きなの、何だか知ってる？」

ある日、息子がそう質問してきた。

何だろう？　いい子ね、かなぁ。でも、そんな子供だましの褒めことば、最近は使わなくなったし……と考えていたら、

「しょうがない子ねぇ、って、やつ」

と言うのである。

「へ。そんなのが好きなの？」

と聞くと、恥ずかしそうに肯《うなず》いた。

「たとえば、朝、制服のブレザーに猫の毛が付いていて、玄関でブラシをかけてくれるとき、『しょうがない子ねぇ。床に置いとくからよ』って、言うでしょ？　あの言い方が好き。

なんだかね、ダメな部分を受け入れてもらった、ってカンジ？　嬉《うれ》しいんだよね

え」

　と、息子は続けた。ふ〜ん、と私は思った。男の子って、意外なものが好きだ。男たちが日常生活の中でちょっとしただらしないことをするとき、それも繰り返してしまうとき、女はこのセリフを口にする。

「しょうがないひとねぇ」

　確かに、このセリフを言うときは、あきらめ半分、愛《いと》しさ半分だ。外では気張っている大の男が、女の前だけで見せる綻《ほころ》びが、うんざりしながらも、ちょっとカワイイのである。息子に使うときも、きっと同じような調子になるのに違いない。息子は、小言を言いながらも、自分を受け入れている母親を感じて、なんだかほっとするのだろう。

　ときどき、このセリフが聞きたくて、わざとグズグズするときがあるのだそうだ。

「でも、これが賭《か》けなんだよ。しょうがない子ねぇ、と言ってやってくれるときと、何度言ったらわかるの、馬鹿《ばか》じゃないのあんた、って怒鳴られるときとあるんだよね。怒鳴られる確率の方が、ちょっと多いかな」

　おいおい、冷静に分析している場合じゃないだろう。この告白、叱《しか》るべきか笑うべきか思いあぐねて、私は、しかたなく苦笑いをした。

今度、私の大好きなひとに、しょうがないひとねぇ、と言ってみようかしら。と、ふと思ったけれど、よくよく考えてみると、あのひとにはそんな隙《すき》はないのである。ひとりで何でもさくさくやってしまう性格だし、何をしても、私より要領もいいし始末もいい。私の方が、よく「しょうがない子だな」と言われているくらいなのだ。う〜ん、だけど、せっかくの女っぷりを上げるこのセリフ、使えないのは惜しい。今年中に一回、何とか使ってみようっと。

それにしても、私の大好きなひとが十一歳の少年の頃、母親の「しょうがない子ねぇ」に、ぽぅっとしていたかと思うと、なんとも愛しくなってしまう。大好きなひとだけじゃない、街を歩くおじさんも、顧客先の気難しい部長も、皆そうなのかと思うと、なんだか世界中の男たちを大切にしてあげたくなるではないか。

息子を育てる、というのは、実に面白い営みである。

男の子は、女の想像をはるかに超えてデリケートだし、健気《けなげ》だ。それに、この世にこんな一生懸命な愛があるかしら、と思うような一途《いちず》さで母親を愛してくれるのである。今のところ、うちの息子は、私が溜息《ためいき》をつくだけで、あわてて「ママ、ごめんね」と言って走り寄ってくる。息子の悪行とはまったく関係ない溜息だったので（タ食が鍋物《なべもの》だったのに、春雨を切らしていたのだ）なんで謝るの？　と聞くと、「いや、何かまた不満なのかと思ってさぁ、早めに謝っとこうと思って」だそうだ。

男の子の愛に照らされて、男の子の純真に触れるということは、女として、とても貴重な経験だったと思う。「息子」は、オトナの女の必需品に数えてもいい。

育ってゆく男の子と共に過ごす日々は、世の中の男性を理解する道のりでもある。競争心でイライラしているビジネスマンたちが、そのごつい「男」という入れ物の中に、こんな純真を持っているなんて、男の子を育てるまで想像も付かなかった。

それにね、犬だって、犬好きの人間には吠《ほ》えないっていうでしょう。その心の中の純情、わかってますよ、と、心で言ってあげると、面倒くさそうで不機嫌な役所のおじさんまで、解《ほど》けて優しくなるのである。不思議なことに。

でもね、なんとなく、男たち皆の母になっちゃいそうで嫌だな。やっぱり、男と女、理解し合えないからこそ、の狂おしい思いなのである。最近、惚《ほ》れられるというより、慕われることのほうが多くなってきた。これは気をつけなきゃね。

けれど、これから息子の反抗期がやってくる。母親としての心の動揺が、乙女の純情のように見えて惚れてくれる人がいるかしら。……な、わけないか。

私自身は娘に恵まれなかったけれど、娘を持つと、もう一度青春がやってくるものらしい。娘の成長になぞらえて、自分自身の少女時代には萎縮《いしゅく》していた自分の中の「少女」を解き放てる、という効果だろうか。それはそれで、やっぱり、オトナの女の必需品のような気がする。

子どもというのは、苦しい思いをして産んで、育てただけのことはあると思う。仕事に夢中なくらいで産みそこねるのはもったいないよ。

ところで、私の大好きなひとは、男が、娘を欲しがる気持ちがよくわからないという。特別に優秀な男性脳の彼は、基本的に女の自意識が苦手なのだろう。だから、私たちは娘に恵まれない、のかもしれない。

あるとき、「女は、みんなお姫様だね。みんな一緒だよ」と、口癖のように言った時期があった。

あら、じゃ、どうして私をかまうの？　と聞くと、「おや、あなたが私をかまっているのかと思ったけど？」と、にやりと笑った後、「あなたはお姫様じゃなくて、女王だもんな。オトナの覚悟があるからまだ許せる」なんて言うのだ。

じゃあ、許せないのは、どこの「お姫様」なのかしら？　まったく。

さて、同じようなことを、うちの息子も言う。

胸と脚を過剰に出して、へらへら笑いながら、TVの飾りのように出てくる女の子たちを指して、「世間は、どうしてこういう子をちやほやするの？　皆、これの何が嬉しいの？」と怒るのだ。母親の私にはもっとわからないので、応《こた》えようがない。でもね、あと何年、怒っていられるかしら？　思春期の魔法がかかってしまったら、大好物の焼肉くらいには夢中になってしまうのじゃないかしら。

たまに遊びに来る女の子たちの、キュートなわがままも、彼には受け入れがたいようだ。「女はさぁ」と彼は言う。「人生ゲームしたとき、後片付けをしないんだよ。勝てば有頂天になって騒ぐし、負ければふて腐れてどっかに行っちゃう。どっちにしたって、片付けないんだからね。まったく」だそうだ。けれど、よくしたもので、代わりに機嫌よく片付けてくれる男子がいるのである。内向的な彼は、素直に感情を発露する女の子に驚きながらも、その率直さがカワイイらしい。世の中は、うまく回っている。

「ママにとって、許せないほど自分勝手な人、ってどんな人がいる？」

そう尋ねられて、ずいぶん考えてみたが、私の周囲に、そういう人間は見つからない。息子にそう応えたら、「あ〜。ママが、友達の中で一番、自分勝手だからじゃないの」と、鋭い指摘をされてしまった。私の大好きなひとに言ったら、大受けするだろう。

じゃあ、と逆に息子に質問してみる。あなたは、どんな女の子が好きなの？

「我の強くないおとなの女の人がいい。尖《とが》ってなくて、あったかくて、出しゃばらないのに、聞けば、世界中のことを何でも知っているような人。自分のことじゃなくて、その場の状況を先に考える人」

あまり期待していなかったのに、十一歳にしては、珠玉の回答である。いや、十一歳、だからかもしれない。性ホルモンに翻弄《ほんろう》される前の、透明な魂のときだからこその。

私は驚いて、「クラスにそんな子いるの？」と聞いたら、「いるわけないじゃん。自分のことを自分の名前で呼ぶ人たちだよ。不毛」だそうだ。そりゃそうだろう、その理想じゃ十一歳どころか二十一歳でも無理だ。いや、三十一歳でも難しいかもしれない。確かに、息子の女性観育てには成功したみたいだけれど、息子の女運に、果たして未来はあるのだろうか。

「そうそう」と息子が付け加えた。「五月五日がこどもの日なのは、不公平じゃない？」と言うのだ。「女は、三月三日と五月五日の両方を、自分の日のように言うんだもん」

「いいじゃない。女の子の日が一日くらい多くたって」と言ったら、よくないよーと口を尖らせている。「ちょっと譲ると、女はどこまでもノサバルんだもん」だそうだ。なんだか、どこかで聞いたようなセリフである。

「でもさぁ、ママに、三月三日と母の日と二つ幸せな日があったっていいでしょう？」と言うと、「それは、いいよ。ママはいいんだよ。特別だもん」だそうだ。

ほらね、やっぱり、「息子の母」は止《や》められない。

甘い生活

私の大好きなひとがインフルエンザで寝込んでしまった。日頃、偉そうなクチをきくこのひとが、素直に言うことを聞いて横になり、脚を揉《も》まれて「気持ちいい」と呟《つぶや》いて、私の手なんか握って眠っている。病気もたまには、いいもんである。

愛するひとの綻《ほころ》びを、私たち女性脳は、どんなにか愛《いと》しく思うことだろう。オトナの男たちは、女たちに、日頃、もう少し上手に綻びを見せてやればいいのに、と思う。

私の大好きなひとは、甘えるのがとても下手だ。インフルエンザの助けでもない限り、私に厄介をかけてくれない。痛い、寂しい、辛《つら》い、怖い、面倒くさいを言わないし、食べたい、欲しい、逢《あ》いたいも口には出さない。日々の繰り返しの中で、何もしゃべらなくても回るように生活サイクルが出来上がっているのである。日常の食べ物は、栄養補給のために口にするのであって、何をどう食べるかに対して淡々としている。酒も別段、喜んで口にするほうではない。クラシック音楽と哲学書を嗜《たしな》んで、たまの美食と人間観察は好きなほうだ。仕事仲間は大切にしながら、プライベートは必要以上に語らない。非常に合理的、自律的に生きている。

私は、実のところ、彼がなぜ、私とプライベートな関係を維持するのか、よくわからない。私がいなくたって、彼の生活はあまり変わらないだろう。ふたりでいても、私が彼をかまってあげない限り、彼は、淡々と自分の時間を回しているだけなのだ。あまり気持ちも語らない。愛してる、好きだよ、キレイだね、も問われてしぶしぶ返事するだけ。彼が、私とコミュニケーションしたいときは、私をからかって、あげく少し怒らせて、じゃれあうしかないのである。

こんなとき、最初は私もいちいち真剣に怒っていたが、長い年月の果てに、これは「甘えたい」のサインなんだな、とわかるようになった。しかたないから、怒ったふりしてからんであげて、最後に、いじわる言わないで、と甘えてあげる。ふふふ、出来たオンナでしょ？

最近、思うのだけれど、男というのは、定期的に見る女の顔がないと、根無し草の気持ちになってしまうようである。自分の人生が、不確かなものになってしまうのだ。定期的に見る女が、別に、情熱の恋の相手でなくたっていいらしい。

女は、惚《ほ》れていない男の顔を、定期的に見るのは耐えられない。どんな古女房だって、亭主といる意味を常に測っている。この人と、この後の人生、ずっと顔を突き合わせて生きていく意味はあるのだろうか、と。

　妻から言い出す離婚の定番のセリフに、「あなたと一緒にいる意味が見出《みいだ》せない」というのがある。女たちは、この決め台詞《ぜりふ》に深く共感するが、男たちはびっくりする。男は、女と一緒になる意味は考えただろうが、一緒にいる意味なんか考えたことがない。一緒になったんだから、一緒にいるのが当たり前なのである。したがって、ほかに好きな男が出来たというような「一緒にいられない」理由なら理解できるが、「一緒にいる意味がない」は、理解不能なのだ。

　それにしても、淡々と効率よく生きて、甘えることも知らない。優秀なオトナの男性脳というのは、なんとも不器用である。これじゃ、若い女の子は口説けない。仮に、惚れられてベッドインしたとしても、その後が続かないよね。

　ま、だから、安心なのである。彼のような、不器用でマイペースな男、普通の女はあまり近づかないだろう。男もビジネスと一緒。そうなのだ。誰でも気持ちよく働ける、きれいごとのビジネスはライバルが多い。我慢仕事には、ライバルがいない。

　仕事で困難な状況が続くようなら、それもビジネスチャンスだと思ったほうがいい。仕事で勝ち抜くには、誰にも負けない才能が必要だ。「誰にも負けない才能」には、困難な状況を機嫌良くこなす才能というのも含まれている。気難しいクライアントに、にこにこ淡々と対応できて、かつ、自分にストレスを残さない才能。ただし、人としての尊厳を傷つけられる我慢は、けっしてしてはいけない。暴力を振るう男や、金銭や女性問題で誠意のない男、下品な言動で仲間を揶揄《やゆ》するような職場は、潔《いさぎよ》く捨てるべきだ。

さて、私の息子は、とびきりの甘え上手である。

ご飯のお代わりをするときに、「ママについでもらうと、ご飯の味が違うんだ」とにっこり笑うヤツである。私は、お代わりは自分で、と言ったのを忘れて、つい、いそいそと席を立ってしまう。

忙しさのあまり、私がいらいらして、あげく親子喧嘩《げんか》になったような晩、私がいきり立っても彼は悲しそうな顔をして「おいらは、ママに抱きしめてもらいたいだけなんだ。なぜ、わからないの？」なんて、言ってのける。

ときどき、なんでもないときに、「ちょっと、横に来て、しばらく一緒に座っていて」と頼まれるときがある。「人はただ、好きなひとと、黙って一緒にいたいときって、あるでしょう？」だそうだ。

かと思えば、「今年は、季節の行事を大切にすること」なんて、年頭訓をたれてくれる。豆まき、七夕、クリスマス。面倒くさくても、家族にとって行事は大切だよ、と言うのだ。

我が家があるのは、東京下町、浅草のお隣、蔵前という地域だ。この周辺は、バッグや靴、帽子、傘などの高級小物の職人たちが住み、その問屋が並んでいる。古くから、皇室御用達《ごようたし》の旦那衆《だんなしゅう》が地域を支える、家内制手工業の地域なのだ。したがって、家と職場が同じビルの中にある家族も多く、息子の友人たちは、朝晩、家族全員で食卓を囲む。たいていが、先代の祖父母と暮らしているので、季節の行事も大切にしている。息子が見る家族の風景は、東京の古き良きすがたをしているのである。

友人の家に遊びに行っていて、「今日は豆まきだから、早く帰りなさい」と戻った家に、まだ母親がいず、出来合いのおかずを買って駆け込んでくる母親は、豆まきのことなんかすっかり忘れている。そういう我が家は「家族」じゃない、と息子が言う。

一番、大事なのは、五月の節句の兜《かぶと》飾り。あれを出すのを忘れないで。

兜飾りは、私の実家の両親から初孫の彼に贈られた、気品のある逸品がある。組み立てるのが面倒なのと、場所を取るので、ここ数年、出さずにいた。ところが、昨年の節句の日、遊びに来た息子の友人の「くろちゃんちは、兜飾りはないの？」に、彼はこう応《こた》えていた。「あるよ、すごいのが。おいら、大切にされてるからね」

私は、忙しさにかまけて兜飾りを出さなかったことを、とても後悔した。今から出そうか、と息子に聞いたら、「もういいよ。あわてて出すなんて、みっともない」とぴしゃりと断られてしまった。

こうして、家族というのは、ただ同居していれば家族になるのではないということを、私は息子から教わったのである。思えば、私が育った家は、母によっていつも居心地よく整えられていた。季節の行事もそつなくこなし、家族は大切に守られていた。あまりに自然だったので、家族が寄り添えば自然にそうなると思い込んでいたのだ。

家族は、かまい合わなきゃ家族になれない。誰かが幼かったり、誰かが弱かったり、誰かが忙しかったり、それをかばい合って季節の行事を楽しみ、日々を回してゆくのが家族なのだ。健康なオトナたちが、合理的に生活を営み、波風なく過ごしてゆく日々は、おしゃれな都会生活ではあっても、家族の匂《にお》いがしてこないのである。

雑多な出来事の中で、少しずつ依存しあい、甘えあっていくこと。自分のやり方を、愛情の名の下に他人に押し付けてはばからないこと。実はこれ、男性脳や、男性脳型社会で働く女たちには、もっとも苦手な世界である。合理化が、競争に勝ち抜くための男性脳の主機能である。けれど、合理化がキーワードでは、幼い子どもも老人も、仕組みからはじき出されてしまう。家庭は、合理化の対極にあるものでなければならない。

それこそ、「たまには、ただ黙って、傍にいて。ママが好きだから」の世界なのだ。そんな時間があったら、掃除《そうじ》も洗濯も済ませたい働く母ではあるけれど、深呼吸をしてものごとの算段をすべて忘れ、息子とゆっくりと呼吸する。散らかったリビングも、菜の花色の幸せな風景に見えてくる。「家族」は、その担《にな》い手の母親役の私さえも、癒《いや》してくれるのである。

甘え上手の息子は、甘え下手だった私に、甘い生活を教えてくれた。子どもは、親の足りないものを持って生まれてくる天使なんだなぁ。

というわけで、「パブリックは合理化、プライベートは非合理化」。私の最近の生活信条である。つまり、リビングやベッドでは、ひとりでできることも、ちょっとサボって相手に甘える。少しぐらい散らかっていても、寄り添う時間を大切にする。論理的な意味はなくても、季節の行事は大切にする。

些細《ささい》なことだけど、この辺りを合理化してしまうと、女は、男と一緒にいる意味を見出せなくなるのである。「あなたと一緒にいる意味がない」と言われて離婚を言い渡されるずっと以前に、男は、家庭の中で、効率のいいビジネス脳を休ませるべきだったのだ。

とはいえ、優秀なビジネスマンで緻密《ちみつ》な技術者、男性脳比率九〇％以上の、私の大好きなひとは、プライベート・シーンの非合理化が私以上に難しいようだ。でも、それもよし、としよう、今はね。私が方向性さえ忘れないでいれば、きっと大丈夫。たまには、インフルエンザが助けてくれるのだし。

ところで、ここまで恋愛体質でない男と私、どうして寄り添うようになったのかしら。遠い記憶をたどってみたら、ちょっと素敵なロマンスを思い出した。

初めてふたりで食事をしたとき、私は、急な仕事で先に席を立つことになった。タクシーに乗ったものの何か大事なことを言いそびれたような気がして、私は、別れて一分もしないうちに彼に電話を入れたのだ。けれど、彼の声を聞いたら、何を言いたいのかわからなくなってしまった。

混乱の沈黙を救うように、「忘れ物？」と彼が口火を切った。さらにことばを失う私に、彼はこう続けた。

「心。……置いていったでしょ」

私は、ふんわりと解《ほど》けて、指先まで温かくなった。

「そう。今度会うまで、預かっておいてね」

「了解」

なぁんだ。こうやって考えてみると、甘え下手な彼は、意外に甘やかせ上手なのかもしれない。私をいじって怒らせるのも、「甘えたい」のサインじゃなくて、「甘えさせてあげようか」の合図なのかも。とすると、彼の方がずっと上手《うわて》なのかしら。あら、意外に、若い女の子に人気があったらどうしよう？

千年愛

私の大好きなひとに、若い愛人がいるらしい、という噂《うわさ》を聞いた。

私の大好きなひとが、街角で若い女に話しかけているのを見た、ただ、それだけの噂だ。けれど目撃者は、そのときの彼のしぐさと顔が、あまりに愛《いと》しそうで嬉《うれ》しそうで、胸を衝《つ》かれたのだそうだ。そんな顔を彼ができるとは思わなかった、彼女が可愛《かわい》くてしょうがないという感じだった、と。

私を誰だか知らないで、噂を運んでくれた人がいて、私は、ちょっぴり、甘酸《あまず》っぱい想《おも》いをすることになった。とはいえ、ま、蜂蜜《はちみつ》抜きのレモネードを、そうとは知らずに一口飲んでしまった、程度のショックに過ぎなかったけれど。

だって、そんな顔なら、彼は私にもよくしてくれる。若い女性とふたりきりでお酒でも呑《の》んだら、別れ際《ぎわ》にそれくらいの顔はするだろう、男性脳なんだもの。目の前の生殖期間中の女性に好意的に微笑《ほほえ》まれたら、そういう表情になる。それは、ごくごく反射的な反応に過ぎない。

女は、よほど相手に惚《ほ》れないとこの表情にならないので、脳の性差を知らないと、よその女にでれっとした男の顔に憤慨することになる。けれど、私は知っているから大丈夫。ほんのちょっと、悔しいけどね。

けれど、彼女が地下鉄の階段を下りて視界から消えたら、彼はたぶん仕事のことを考える。今日遣《や》り残したことを数え上げ、明日の段取りが終わったら、きっと私のことを思い出す。電話するほどまでに気持ちが盛り上がるかどうかは知らないが。

私の場所に、彼は繰り返し帰ってきて、今のところ、他の若い女性のところに「繰り返し」帰る暇はないはずだ。繰り返しじゃなければ、いっそ気にしない。

だって、男性脳は、ふたりの女をけっして較《くら》べない。相手の時間に私は存在せず、私の時間に相手はいない。彼女がたまさか手に入れた、繰り返しでない時間に、彼を独り占めしていたって別にぜんぜんかまわない。だって男性脳には、時空を貫く機能がない。そこは、まったくの虚無なのだから。

何があっても、仕事中でも、浮気の最中でも、一番大切なひとのことをけっして忘れない(正確には自分の都合も忘れない)、時空を貫く女性脳には想像も付かないけれど、男性脳は忘れるのである。

仕事中に女房を思い出すわけがない。若い女性と食事でもしていたら、女房なんて、昨夕《ゆうべ》見たホームドラマの女優よりも遠いくらいだ。けれど、ことが終われば、他のことはすべて遠くになって、いつものように家に帰ってくるのである。

繰り返し、が彼らの誠意であって真実の愛なのである。私たち女が求める「何があっても、いつでも、貴女《あなた》が一番大事。運命だから、特別だから」という愛は、彼らの脳にはない。その「特別席」は、あるとしたら、母親にだけ捧《ささ》げられる場所である。女たちが満たされない、その根本の理由は、この男性脳の虚無にある。

しかしながら、男性脳の虚無は、たくさんの餌《えさ》を効率よく獲得して、より多くの雌の人気を獲得するための、発情期の男性全体を覆《おお》っている、人の良い虚無なのであって、個人の人格が劣っているわけではなく、ましてや恋人や女房への愛情が足りないわけではない。気にしなければいいのである。

実際、昭和三十年くらいまでの女たちは気にしなかった。庶民の女たちは、生活を営むことの過酷さに、男の気持ちの真実なんか云々《うんぬん》している暇はなかったのである。

今の四十代以下の女たちは、戦後第一世代の女たちを母親に持つ。この母親たちは、機械化によって庶民が余暇を持った、人類最初の世代の女たちだ。彼女たちは、男たちの虚無に気づく残酷な「暇」を、そうとは知らずに手に入れてしまった。そうして、男の虚無に対し、正当に抗議する論理的な言語を持たないことを悔しがったのである。この世代の母親たちは、娘に、男と同等に渉《わた》り合うための学歴の獲得を迫った。ある母親は明確にことばでそれを告げたし、ある母親は結婚生活に不満いっぱいの日常で、暗黙のうちにそれを伝えた。

娘たちは学歴を手に入れ、キャリアを手に入れ、ブランド物で華やかに身を飾り、年齢より十も若く見えて享楽《きょうらく》的に振る舞い、男たちをはべらせて、すべての幸福を手に入れたかのように見えた。

が、娘たちもまた、満たされない。彼女たちをちやほやする、ものわかりのよいおしゃれな男たちもまた、(女から見れば)虚無な男性脳を持っていたからだ。当たり前だけど。

男たちの虚無は、脳の機構なのであって、怠慢の結果ではない。したがって、どんなに論理的なことばで抗議をしても、直しようがないのである。男たちは、女たちのように魂の対話をする機構を持たず、心の問題は、一部の知識層が、哲学や宗教の土俵で客観的に語るだけだ。

仮に、女たちが、この層の男と心の話をしようとして哲学用語や宗教用語を習得しても、客観性の高い男の他人事のような口のきき方に満足できるわけがない。ことばを使えば使うほど、男と女の心は離れるばかりなのである。

あ〜、理想の男に出逢《であ》いたい、と、女たちは呻《うめ》くようにつぶやく。

時空を貫くような一途《いちず》さで女を愛し、基本的には女を自由にさせ、女の知性を敬愛し、女の母性を畏敬《いけい》し、こちらが寂しいときは少女のように甘やかしてくれ、こちらに余裕があるときは少年のように慕ってくれて、日常の面倒は一切かけない、永遠に美しい、セックスの上手な恋人。

「私は、それを持つのに、ふさわしいはずだ」

あまりにたくさん努力したので、女たちはそう思い込んでしまった。なのになぜ、そういう恋人が現れないのだろう。なぜ目の前の夫は、そういう夫じゃないのだろう。

そうして、女たちは、次々に自分探しの旅に出る。もっと美しく、もっとキャリアを。自分にしかできない何かを探しに。特別の男に「満たされるのに」ふさわしい女になるために。

けれど、目を覚ましたほうがいい。そもそも、そんな男性脳は存在しないのだ。切ないほどの努力をしても、その違いは男たちにはよくわからない。一方、努力を多少怠っても、邪気なく、のほほんとしていれば、彼らは温かな日常を提供してくれる。男性脳の女性観は、それ以上でもなく、それ以下でもない。残念ながら。

女が満たされるコツは二つ。まずは、自分に気持ちのいい男を見つけること。肌に触れて気持ちいい、抱き合って気持ちいい男。笑顔の気持ちのいい男、声の気持ちいい男。残りの恋愛構成要素は、実は、大差ないのが男である。彼らの脳は、もう少し社会的な能力の差別化のために使われている。もう一つは、何度も言うけど、無邪気に、のほほんと暮らすことだ。

それにしても、先の段落「時空を貫くような一途さで女を愛し、基本的には女を自由にさせ、女の知性を敬愛し、女の母性を畏敬し、こちらが寂しいときは少女のように甘やかしてくれ、こちらに余裕があるときは少年のように慕ってくれて、日常の面倒は一切かけない、永遠に美しい、セックスの上手な恋人」で、何かを思い出しませんでしたか？

光源氏である。

彼は、超天才女性脳の生み出した究極の理想の男性像だった。にもかかわらず彼は、生涯のファースト・レディ紫の上を、満たすことができなかったのである。彼が、最高に美しく、虚無な男性脳の持ち主だったたから。

紫式部は、見事な書き手だったと思う。女たちの陶酔の的、究極の理想像を見事に描ききったが、光源氏のキャラクターは生身の男性脳を逸脱していない。彼は立派に、男性脳と、そこから繰り広げられる健康なホルモン変化によって、生涯を紡《つむ》いでいるのである。

彼の「華麗な女性遍歴」は、彼が、彼の繰り返しを信じる女たちを裏切れずに、次々面倒を見たことによる。無粋な不美人、末摘花《すえつむはな》に至っては、最初の逢瀬《おうせ》の翌朝に性的には萎《な》えているのに、生涯面倒を見続けている。

そのときどきの気持ちで、そのときどきの女をかわいいと思い、発情すれば抱き、けれど、夜が明ければ紫の上の住む家に帰ってくる。そうはいっても、女たちの正月の餅《もち》をちゃんと案じ、四季折々に祭事をし、宮廷にも仕事に出て、妻は妻なりに大事にする。膨大な繰り返し、偉大な真実の愛である(もちろん男性脳にとってはね)。

出世保身のための晩年の結婚は、「単なる形式だよ、あんな若い女に今更入れあげるわけないじゃないか」とうそぶきながら、実際に結婚すれば、初夜明けの若い新妻を置き去りにするのも不憫《ふびん》になって何日も帰れなくなる。優しさゆえではあるけれど、若い女に発情してべったりなくせに「これも保身のため、仕事のうち」と言い訳をするのが、女から見れば情けない。紫の上が出家を言い出すというかたちで、彼を見限ったことは、女性読者から見たら「当たり前！」のことだけれど、彼にとっては青天の霹靂《へきれき》だった。

こう考えてみれば、光の君は、ごくごく健康な男性脳の持ち主で、何の悪気もないのである。というより、あまりに一生懸命な生き方で、なんとも愛しくなる。紫の上に出家を切望されるくだりでは、あまりに憐《あわ》れで胸が痛くなる。

もちろん、男性脳の資質を知るまでは、私も紫の上だけがかわいそうでならなかった。彼女に死なれて、光の君が腑抜《ふぬ》けになったとき、ざまあみろ、と手を叩《たた》いたクチである。

けれど。今は、彼もかわいそう。「繰り返し」という真実の愛を貫いたのに、紫の上は、心を閉ざしたまま死んでしまうのだから。

けれど、紫の上は、十分わかっていたに違いない。光の君が悪いのではない、それが男なのだと頭では理解していながら、それでも揺れる自分が情けなくて、その業《ごう》を断ち切りたかったのだと思う。けれど、更年期の彼女に、そうしながら、光源氏を慰《い》撫《ぶ》してやる余裕はなかったのだろう。

男もかわいそう。女もかわいそう。生きるというのはなんとも、切ない行為である。

そうそう、私の大好きなひとの名誉のために、冒頭の噂の後始末をしておこう。

その「若い女」は、私だったのである。噂話の最後に場所と時間を聞いて、吹き出しそうになった。噂の主は相手の女性をちゃんと見てはいなかった。夜目、遠目、後姿と妄想で、そう見えたのだろう。ちなみに私は、日頃「若い」という褒めことばはあまりいただかない、四十半ばの立派な中年女である。目撃者が女性なら、こんな華やかな話にはならなかったはずだ。

男性脳の女性認識の精度なんて、その程度のものである。冷蔵庫のバターを探し出せない男たちは、女の容姿の粗探しも女性脳ほど得意じゃない。女たちは、明るい蛍光灯の化粧室で、しわやたるみにため息をつく必要はないのだ。

私の大好きなひとなんて、あるパーティ会場で、別々に到着した私の後姿を見かけ、きれいな人がいる、と思って嬉しかったのだそうだ。近づいたら私だったので、ホンキでがっかりしていた。「なんで、あんなにすっきりした若い女に見えたのだろう」と、何度も首を傾《かし》げる。巻き髪と、ワインレッドのタイトスカートに騙《だま》されたのである。この晩、私がこれで魅了しようとしたのは、実は彼じゃなかったのに。おばかさん。

ほんとうの恋愛論

「ママは、自分の子どもだから、おいらのことが好きなの？」

夕暮れ時、息子と手をつないで買い物に出かけた。最近は、充分に暗くなってからでないと、手をつないでくれない。夕闇《ゆうやみ》にまぎれてつないだ手を、さらに上着の袖《そで》でそっと隠しながら、息子がそう質問してきた。

「そりゃ、そうだよ。母親はみんな、自分の子どものこと大好きだよ。何よりだいじ、自分よりだいじなんだから」

そう答えた私に、彼は、こんなことを言った。

「おいらはね、ママがママだから好きなんじゃないよ。ママが、たとえママじゃなくても、おいらはママを好きになったと思う」

予想外の展開に、私は、どぎまぎしてしまった。

「それは、他人同士で出逢《であ》っても、ってこと？　たとえば、学校の先生とか？」

「うん。家族じゃなくて他人でも、誰かを大切に思うってこと、あるんだよ」

うん、それはわかってるつもり。だけど、息子が息子じゃなくても大切な人間になりうるかどうかなんて命題、私は立てたことがなかった。
「だって、ママは、たくさんの人に大切に思われているんだよ。知ってた？」

息子の小学校では、インターネットを利用した検索を、理科や社会の授業に取り入れている。子どもたちが、教科書に出てきた町や川の名前で検索してみる。役場のホームページに、町の風景が載っている。名産品やみやげ物のような、地方色豊かな情報が載っている。文字つづりに過ぎなかった町が、人々が暮らす実存の町になって、子どもたちの心に迫るのである。

息子が、私の生まれ故郷に流れる天竜川のネット情報を、まるで我が家の裏の川のことのように親しみを込めて話してくれたとき、パソコン創成期のコンピュータ・エンジニアだった私は、胸がいっぱいになった。二十数年前のパソコン開発は、情報が人々の心をつなぐことを夢見て、その第一歩を踏み出したのである。インターネットの情報空間の急激な成長には、そのゆがみや悪意利用を危惧《きぐ》する声もあるが、この情報網は、子どもたちの視点を確実に高くしている。三十年前の子どもたちよりも、今の子どもたちの方が、行ったことのない町や、会ったことのない人々を温かく思うすべを知っている。

さて、そんな授業の中で、彼らには、好きなキーワードで自由検索できる時間もある。記念すべき最初のキーワードに、息子は、私のフルネームを選んだのだそうだ。「好きなことばを入れなさいって、先生が言ったからね」だそうだ。

私の名前（伊保子）は、人名辞典にも載っていない、ありそうでない珍しい名前だ。フルネームでキャッチアップした情報は、ほぼ間違いなく私の情報なのである。

「ママの情報は、八件も出てきたんだ。どれもこれもみんな、ちゃんとママの情報なんだよ！　ママって、有名なんだね」

頰を紅潮させて、彼は言う。う〜ん、ネットで八件は、そう有名じゃないんだけどね、と心の中で思ったけれど、言わないでおいた。

「その上、みんな、ママのことをすごく大切に思ってくれていたんだ。どれもこれも、ママのことを褒めてたんだよ」

私の名前を含む書き込みは、本や雑誌の宣伝、講演録や本への感想などが多い。なので、ちょっと褒めすぎなのだ。

「でね、おいら、気づいたんだよ。ママは、ママだから大切なんじゃない。一人の人間として、とても大切なひとなんだ、って」

お金も時間もかけて、好意的な書き込みをしてくださった皆さん、ありがとう！

私は、三十五年ぶりにスキップしてしまった。

さて、話は、美しいまま終わらない。

それから六カ月ほど経《た》った昨日、息子がまた、授業の自由キーワード検索で私の名前を入れてみたのだそうだ。今度は一〇七件も出てきた、と息子が不満そうに言うのである。

「ママね、八件はいいよ。あのときは、ちょっと自慢だったんだ。クラスみんなのパパやママの中で、かわいく二位だったからね。けど、一〇七件はダントツの一位で、目立ちすぎ。異常値だよ。もう少し、目立たないようにしてよ」

う～ん、それは難しい注文だ。インターネットの情報量は、個人では、どうすることもできない。

「それにね、言っとくけど、ママは、学校に来るとき派手すぎる。あ、くろちゃんのママだ、って、女子にすぐに言われるんだもん」

「え～。どこが派手なの？　この間だって、黒いセーターに、茶色のスカートだよ。コートは紺だし。女学校の制服みたいに地味じゃない」

「水色のマフラー巻いてたじゃん。あれがダメ」

この厳格さ、まるで、女学校の持ち物検査だ。

授業参観のときは、できるだけ若くきれいに見えるようにしてきてほしい、けど、目立っちゃだめ、なのだそうだ。他のお母さんに見劣りするのはイヤだけど、女子に「くろちゃんのママ、カッコイイじゃん」とからかわれたくはないのだ。したがって、最近の女子受けするブランド物のアタッシュケースは持ち込み厳禁、キャリア・スーツもダメ、巻き髪もアップスタイルも禁止である（こう並べてみると、小学生女子は、アイテムに弱いね。私自身の顔やスタイルじゃないらしい。ま、だからこそ受けるんだろうけど）。

その上、「学校で会っても、声をかけないでね。家で、うんと優しくしてあげるから」

だそうだ。

少年のナイーブな羞恥心《しゅうちしん》というのは、子どもを産んだ女には、ちょっとわかりにくい。子持ちの職業婦人には、羞恥心なんて言っている暇はなかったもの。私は、地下鉄・銀座線でも堂々とおっぱいをあげていたツワモノである（銀座線を知っている人は、この話にみんな驚く）。その頃は、バブル期のシステムエンジニアだったからね。

ほんとうに時間がなかった。仕事の責任を果たすこと、息子の空腹を満たすこと、羞恥心はその次だ。

というわけで、最近は息子に叱《しか》られながら、羞恥心の再学習をしているのである。片や息子の羞恥心は、ここ半年の間に格段の進歩を遂げてしまった。最初のインターネット学習の日には、あんなに蜜月《みつげつ》関係だった私たちなのに、今や、何をやっても眉《まゆ》をひそめられている。

それにしても、羞恥心って、何のためにあるのかしら？　生存のための脳の仕組みとは直接関係がないように見えるのに、思春期になれば誰にもやってくる。となれば、発情することと密接に関係があるのだろう。私は、自分の講演に、私の大好きなひとが来ることを絶対に許さないし、彼も同じように拒絶する。だって、恥ずかしいんだもん。そういえば、アダムとイブも禁断の実を食べた後、恥ずかしがっていたものね。

ところで、私の大好きなひとが無愛想なのは、羞恥心なのかしら。愛情の欠如かしら。彼は、とにかく、ことばが足りないのである。対話のプロトコルも、微妙にずれているような気がする。たとえば、今朝のＴＶの前では、こんな会話だ。

「この女優さん、かわいいわね」

「この人、性格、悪いぞ」

「え。なぜ？」

「なぜ、そうなったかは知らんよ」

「そうじゃなくて。なぜ、あなたはそう判断したの？ と、聞いているの」

「些細《ささい》なことから大局を判断せよ、と、宮本武蔵も言っている」

「は？ じゃ、その些細なことって何？」

「些細なことさ」

私は、その女優のヘアスタイルを真似《まね》してみようかな、と思ったのだ。それを相談しようとしただけなのに、茶化されたのか嫌われているのか、よくわからない対応だ。その上、なんとなく釈然としない。いつものことだが、彼の本質の部分に触れるのを拒絶されたような、締め出されたような、そんな気分にさせられるのである。

先日など、私の随筆が評価された、と伝えたら、こう言うのである。

「ほら、ごらん。あなたは、普通の文章を書いていればよいのだよ。へんてこな技術文書なんか書かずに、そっちに貢献しなさい」

確かに、特許などの技術系の文章は、ことばの味わいのようなものを極力排除した、冷たい理詰めの文章である。情緒傾向の強い私には、似合わない分野かもしれない。

けれど、私は技術系のコンサルタントなので、当然、生業《なりわい》として技術文書を書く。彼もエンジニアなので、私の文書をよく知っているのだ。この感想は、どう好意的に解釈しようとしても難しかった。

私が烈火のごとく怒って抗議したら、彼は「心から褒めたのだよ、なぜわからないの？」と哀《かな》しそうに押し黙ってしまった。彼がその晩、本当に困惑していたことは私にもよくわかった。彼のことば以外のすべてが、困惑と愛情をちゃんと伝えてくれたから。

けれど、私はどうしても気持ちが治まらなかった。どんな親密な仲でも、プロの部分を揶揄《やゆ》するのは反則だ。彼も地雷を踏んだことに気づいて、引いてはいるものの、きちんと前言を撤回しない。「なぜ、謝ってくれないの？」といつまでも絡《から》むと、彼は重い口を開いて「あなたはきりがないからね。甘やかせば図に乗る。一つ謝れば、あれもこれもと得意そうに罪の上乗せをする」と応《こた》える。

もどかしい。私は、少し涙を浮かべた。こんなに大好きなのに、彼も一生懸命、大切にしてくれているのに、息子との会話のように満たされた場所に着地しない。

私のもどかしさが伝わって、彼も困惑する。私たちは、互いの身体《からだ》に触れて、互いの温かさを確かめ合い、ことばの欠落を償うしかない。

恋するというのは、ほんとうに難儀なことである。こうやって、ことばでは傷つけあい、すれ違う関係の男女が、肉体の温かさでその溝を埋めるのが恋なのだもの。恋情は、ねじれの位置にあるような男性脳と女性脳から生まれる、もどかしさや困惑の渦なのだ。ことばで満たされる関係であれば、それで十分。発情する必要がない。

ちなみに、羞恥心は、まっすぐなことばを隠してしまう。寂しい、嬉《うれ》しい、好き、嫌い、欲しい。ぱっと言ってしまえば済むことを、簡単に言えなくするのが羞恥心である。

つまり、思春期にやってくる羞恥心が、私たちの率直な要求のことばを隠してしまうと、男と女のことばは混迷して、話し合いでは満たされないようになる。抱き合うことでしか溝を埋められなくなるのだ。

これが、恋愛の本質、恋心の正体である。

したがって、いつまでも欲情しあう男女というのは、いつまでも、もどかしくすれ違う男女脳、ということになる。

人間としての相性がよければ、愛し合った男女は、一緒に暮らすうちに仲の良い兄《きょう》妹《だい》(姉弟)のようになり、欲情とは別の絆《きずな》で結ばれる。そうならないふたりは、やがてくたくたに疲れて、顔を見るのも嫌になってしまうだろう。どちらにしても、永遠に続く恋愛なんて、この世に存在しないのである。

独身女性は、いつまでも恋人同士のような夫婦像を心に描くかもしれないが、いたわりあって一緒に暮らす普通の夫婦で、何年経っても恋人のような情熱というのはありえない。世界中探してもないのである。

欲情しているうちにさっさと妊娠して子どもを産み、子どもを中心に仲の良い家族になってしまうというのが大方だろう。その後は、対話できる夫婦はセックスレスになり、会話がすれ違う夫婦は淡々としたセックスライフを続ける。仲の良い家族になれなくて、対話もセックスも断絶したまま、子どもの親として同居する場合もあるだろう。

もしも、独身の読者で、愛しているひとが妻帯者だという女性がいたら、少し、気を楽にしてください。彼の妻を、彼のもう一人の恋人、つまり、自分のように情熱的に愛されているひとのように考えて嫉妬《しっと》することはないのである。あなたと、もどかしさと困惑の渦の中にいるとき、恋情が溢《あふ》れて止まらないとき、彼は、家庭で自分のパンツを洗っている妻を思い出しはしない。もちろん、妻とは、もどかしさの甘い疼《うず》きに恍惚《こうこつ》とする夜などありえない。

ただし、彼はまた、妻が機嫌よく彼の家庭を守っている限り、妻を「嫌い」にはならない男性脳の持ち主であることは忘れないほうがいい。妻がヒステリックな性質で自滅しない限り、恋人が大騒ぎをして奪っても、彼は妻を慕い続ける。

惚《ほ》れた男と、共に暮らさないライフスタイルを選択した女は、賢いかもしれない。淡く長く恋情を楽しめる。

ただし、子どもを、いつ、どう持つかという問題を早めにしっかり考えたほうがいい。シングル・マザーもいいけれど、父と子、というセットを眺めるのもいいものだ。いっそ産まない人生もすっきりしてていいだろうし、子どもを持つのも面白いよ。

最後になったが、妻である場合。アドバイスは一つだけだ。のほほんと暮らそう。夫に、もしも恋人がいても気にすることはない。妻が頼りにしている限り、夫は妻を見捨てることはできない。第二の母なんだから。そうこうしているうちに、自分たちの場合と同じように、夫の恋も色褪《いろあ》せてゆく。

もちろん、「絶対に、一日でも我慢できない！」と思ったら、夫をしっかり叱って、ふらふらさせないのも良策である。けっしてヒステリックにならずに、少ないことばで失望を伝え、「どういうこと？」「どういう覚悟があってそうしたの？」と静かに尋ねよう。

後ろめたい心情のときの男性脳は意外に従順である。くれぐれも、夫の恋人を威嚇《いかく》して、事件の引き金を引かないように。

そうそう、妻が婚外の恋愛ものがたりを持つ場合もあるだろう。誰かの安らぎの対象になってお給料を運んでもらい、誰かのロマンスの対象になって情熱をもらう、そんな恵まれた女もこの世にはいるのだろう。それは、もう、好きにやってね。ものがたりを紡《つむ》ぐ機能は女性脳の醍醐味《だいごみ》だ。これを止《や》めたら、女じゃなくなるもの。

ところで、ものがたりが夫婦の間に見つからないのは、よほどひどい亭主を持ってしまったか、よほど人間としての仲が良いのかのどちらかである。婚外の恋愛ものがたりが見つかったとき、前者の場合は捨てればいいのだけど、後者の場合は一度踏みとどまって考えてみるのもいいかもしれない。新しい恋人とだって、相性がよければ、何年か後には必ずそうなる。仲のよい兄妹のようになって、欲情しなくなるはずだ。今のセットをそのままにして、外の恋愛ものがたりを、淡く長く楽しむ、っていう手もあるかもしれないしね。

こうやって並べてみると、二十一世紀の女たちは、さまざまな生き方ができるようになったものだと、しみじみ思う。

だからこそ、知性という羅針盤が必要なのだと思う。恋愛は永遠に続かない。家族というのは、きらめくような日々ばかりではない。かつての恋人と穏やかな家族になったのち、外の恋人が輝いて見えるのは当たり前である。その恋愛をものがたりに留めて、家族としてますます熟成してゆく道を目指すのが一番賢いと思うけど、どうかしら？　もちろん、ものがたりの主人公になるときは、後ろめたい思いなどせずに存分に楽しめばいいと思う。

男たちには、アドバイスはない。強いて言えば、女たちの言い分に、いちいち動じないことだ。動じて改心しても、女が一度そう望めば、家庭は必ず壊れる。だって、飽きちゃった（あるいは呆《あき》れちゃった）んだもの。そうなったら、いい夫でも、悪い夫でも変わりはないのである。女たちのものがたりが閉ざされた後では、男は手も足も出ない。

男には、だからこそ、女とは無関係に積み重ねられる人生の成果が不可欠なのだ。ビジネスか、研究か、芸術か、何か。

今宵《こよい》、この世のすべての男と女が幸せでありますように。ふたつの脳の幸福のかたちは、こんなにも違うのだけれど。

満ちてゆく時間

台風の夜、我が家の金魚が、水面に浮いてしまった。

低気圧に刺激されて、腹の浮き袋が膨らんでしまったのだ。そういえば、何日か前から様子がおかしかった。台風の低気圧は、ほんの少し、死期を早めたにすぎないのだろう。

息子が一歳のとき、お祭りの金魚すくいで、おまけにもらった一匹である。十年、生きていた。体長はなんと二十五センチにもなっていた。ペットショップのご主人が、そこまで生きたら二十年生きるよ、と言ってくれたのに、齢《よわい》半ばの十歳である。

のんびりやの息子が、珍しくあわてて「ママ、水を換えよう」と、バケツを取りに暴風雨のベランダに出ようとしたので止《や》めさせた。こうなったら、もう手の施しようがない。水槽の前で、ふたりで肩を寄せあって、金魚が徐々に死んでゆくのを見守ることになった。

「おいら、よくここで、おやつ食べたり、宿題やったりしたんだよ」

と息子がぽつんと言う。玄関から台所へつながる廊下の、インターフォンの足もとの床に水槽はある。

「こんなところで?」

と聞き返したら、

「夕方、暗くなってみんなが帰った後、うちで動いてるのは金魚だけだったし、ママが帰ってきてインターフォン鳴らしたら、すぐ出られるでしょう」

おまけの金魚も、立派に息子の友達だったのだ、と初めて気づいた。この金魚にも支えられて、私は働く母を続けられたのだ。

私たちは、日々たくさんのいのちをもらって生きている。昨夕《ゆうべ》だって、鰺《あじ》の干物《ひもの》を食べたし、お昼には牛丼《ぎゅうどん》も食べた。金魚一匹に感傷的になるのはスタイルに反しているぞ、と心の中で言ってはみたが、気持ちが沈んでいくのを止められない。

こんなとき、ああもしてやればよかった、こうもしてやればよかったと思うのが人情である。金魚にしてやれることなんか高が知れているので、水も藻も、もっと頻繁に取り替えてあげればよかった、と同じことを何度も悔やんだ。

悔やみすぎて、くたくたになって、私はふと考えた。私が今、死んじゃったら、私の大好きなひとは、ああもしてやればよかった、こうもしてやればよかったと、悔やむだろうなぁ。いつかね、って約束して、まだのことが山ほどあるもの。死にゆく者への後悔は、どんな後悔よりも苦しい。挽回《ばんかい》も、転嫁《てんか》もできないんだもの。私の死に呆然《ぼうぜん》とするだろう、無防備な男性脳たちのことを考えたら、なんだか心底かわいそうになってしまった。

「ママが早く死んだら、あなた、ああもしてやればよかった、こうもしてやればよかった、って、きっと苦しくなっちゃうね。それがあんまりかわいそうだから、長生きしてあげる」

息子は、へっという顔をして、「ママには十分尽くしてるから、それは大丈夫だよ」と言う。あ、そう。

深夜、金魚は完全に動かなくなった。私は、動かない金魚の存在感に耐えられなくて、近所の公園に埋めに行った。暴風雨の中である。けれど、それでやっとほっとした。さすがに金魚だ。埋めてしまった後まで、もう少し高い餌《えさ》にしてやればよかった、とは思わない。けれど、相手が、自分に惚《ほ》れてくれた女だったら、どうなのかしら。

そこで、息子に言ったのと同じセリフを大好きなひとにも言ってあげた。彼も、息子と同じような反応を返すだろうと高をくくっていたら、黙ってしまった。聞こえなかったのかしらと思うくらい、何も反応しなかった。私じゃない誰か、だと思う。そのとき、彼の心にいたのは。「お母さん？」と聞く勇気は、私にはなかった。私は、何も言わなかったふりをした。やっぱり、このひとより長く生きてあげよう、と思っただけで。

金魚の死ぬ半年前に、我が家には、丸顔の子猫がやってきた。スコティッシュ・フォールドと呼ばれる、猫の着ぐるみを着たような、鈍臭い印象の雌猫である。実際に、椅子《いす》に飛び乗ろうとして三回に一回は失敗するし、耳の後ろを掻《か》く、猫お得意のポーズも三回に二回は空振りだ。なんだか別の動物が、猫の振りをしているみたいなヤツなのである。

血統書付きのくせに、もう少し猫らしくできないの？　と、つっこみを入れたくなるようなこの子が、なぜ我が家の一員になったかというと、ペットショップに立ち寄った息子と彼女が、目が合ってしまったのだ。隣には、なんとも優美なシルバーグレーの美猫がいた。「あれ？　こっちでしょ？」と軌道修正しようとする母親をそっちのけで、息子は動けなくなってしまった。ぽろぽろと大粒の涙をこぼして、この子を連れて帰る、と震える声でやっと言った。

体長二十センチ足らずの、小さな赤ちゃん猫である。白い小さな身体《からだ》に茶トラのふかふかの尻尾《しっぽ》ばかりが目立って、なんとも頼りなかった。

彼女が、猫の寿命を全うしたとして、十二〜三年だろうか。十歳の少年が、声変わりし、反抗期を過ぎ、女の子に恋をして、世の中の不条理にさらされるまでの多感な変化期に、ずっと傍にいてくれる愛らしい呼吸の主がいてもいいな、と思った。

「明日、パパと一緒に買いに来よう。家族の一員になるのだから、私たちだけでは決められない」

売れちゃうかもしれない、と、息子が不安そうに身を寄せてきた。

「あなたとこの猫に縁があるのなら、絶対に売れない。もしも、この子が売れてしまったら、あなたにはもっとぴったりの猫がよそにいるってことよ。縁って、そういうもんだから」

「じゃあ大丈夫。この猫以外、ありえないもん」

今夜は眠れないなぁ、と言った五分後には寝息を立てていた息子の隣で、なんだか私が寝付けなくなってしまった。

息子が大学を卒業して家を出るとき、老婆《ろうば》になったあの猫がこの家に残される。私は老猫と一緒に、息子のいない空間にゆっくりと慣れてゆくのだろう。そうして、慣れた頃、私は彼女を失うのだ。

人生の後半戦に入ったことを、この晩、思い知らされた。

けれど、意外にも、ブルーな気持ちじゃなかった。やさしく、甘やかな、満たされた気持ちだったのである。私は、それが嬉《うれ》しくて、寝付けなかったのだ。

今、この文章を読んでくださっている方が三十代までの女性だったら、きっと「歳《とし》を重ねることは、憂《うれ》いが深くなること」と考えていると思う。四十歳になるなんて怖いでしょう？　美しさも若さも確実に失われて、ちやほやされなくなって、舞台の片隅に追いやられるような気持ちを想像していませんか？　けれど、違うみたい。

歳を重ねるということは、楽になるということだ。人生の真実が見えてきて、動揺しなくなる。自分にとって何が嬉しいのかが、ちゃんと見えてくる。他人に羨《うらや》ましがられることなんて、何の足しにもならない。世間のものさしで無理をしても、人生の本当の成果にはならない。

三十代までは、必死に、舞台のスポットライトから外れたくない、と頑張っていたけれど、その舞台自体がばかばかしい場所に見えてくる、という感じかしら。その舞台の外、人生のロイヤル・ボックス（上質の観客席）に入ればいいのである。

ここに入れば、大切なひとしか周りにいないし、自分も皆から大切にされる。ここには、目の眩《くら》むスポットライトもないかわりに、暗転もない。終始、穏やかな光が当たっているのだ。

どうやったら、そこに入れるか、ですか？

まずは、歳を重ねることである。どんなに賢くても誠実でも、三十代のうちにここへは辿《たど》り着けないと思う。脳には、時間だけが熟成してくれる、そういう場所がある（ただし、臨死体験のときだけは、この世の一秒の間に脳内時間が何年も進むようである。だから、いったん死に近づいた脳は、ちょっと別の話）。

歳を重ねながら、準備することはある。

まずは、見たもの、感じたもののすべてを、自分の心の鏡に映すようにすることだ。他人のそれじゃなく。誰かに認められたくて、誰かに羨ましがられたくて、誰かに褒められたくて、誰かに勝ちたくて、誰かに見捨てられないように、誰かに嫌われないように……そういう価値観はいっさい捨てる。

自分が気持ちいい、自分が納得できる、自分が清々《すがすが》しい……そういうものだけ傍に置く。そして、その外側に「そうはいっても自分の大切なひとたちが不快でないこと」というフィルターを付ける。

お金に縛られて、他人の価値観を強いられる職場では、最初は難しく感じるかもしれない。それなら、プライベートなところから始めてみる。たとえば、家具の位置、歯ブラシの使い心地、本棚に並んでいる本、ベランダの観葉植物。私はほんとうに気持ちいいかしら、と見直してみる。腕のきついブランドのスーツ、お付き合いの飲み会、夕方にはにじむアイライン、私はほんとうに楽しんでいるのかしら。毎日のルーティン・ワーク、どうにかして楽しめないかしら。それでも楽しめないところは、捨ててみる。捨てられないことなら、徹底的に合理化してもいい。

慣れれば、職場でもできるようになる。脳というのは面白いもので、感覚器に直結する基本機能は意外にシンプル、ヒトは皆同じである。ある個体の脳（あなたの脳ですね）が徹底的に心地よい空間配置や作業の進め方は、他の脳にとってもそうなのだ。怠慢や虚栄心は他人の評価を気にするから出てくることで、「自分に気持ちよい」を基準にしたら、実際には怠慢や虚栄心が入り込む余地はない。やってみればわかる。

三十代のうちは、自分が気持ちのよいものを精力的に見つけることも必要である。たとえば、経済的に許せば、良いブティックを見つけて、お仕立てのスーツを作ってみるのもいい。これは、オトナの女性なら、一度は経験してみる価値がある。なぜなら、洋服にからだを合せることと、からだに洋服を合せることは、まったく違うことだから。まさに、コペルニクス的転回である。

良いデザイナーなら、中年の女性の厚みのある肩や腰を、円熟したラインに変えてくれる。気品のあるスーツ姿の中年女性に比べたら、若い女性のスレンダーなからだなんて、かえって下品に見えてくるから不思議だ。

既製服は、ハンガーにかけたときに一番美しく見えるように縫製されている（そこで対価が払われるのだから当たり前なのだ）。したがって、ブランド・スーツは、ハンガーにかけて一〇〇点、若い貧弱な身体が着て八〇点、円熟期の身体にはぜったいに似合わないようにできている。このハンガーのために作られた服に高いお金を払って、若い貧弱な身体を目指してダイエットするのは、あまりにもナンセンスだと思いませんか?

ブランド・ショップの孤独な試着室に較《くら》べて、仕立て服の仮縫いは、ちょっとした愉楽である。ブランド・スーツが否定するからだのラインを、仮縫いは、慰撫《いぶ》してくれる感じなのだ。「二の腕がもう少し細いといいんだけど」なんて、ついため息をつくと、「腕の細いスーツは下品なのです。もう少し、お太りになっても大丈夫」と言われる世界なんだもの。

仕立て服を作る意義は、自分を、自分のかたちのまま愛せるようになる効果にある。ブランド・スーツに自分のからだを合せているうちは、いつも引き算でしか自分を見ることができない。世間の理想体型からの引き算だ。それも、この理想体型ときたら、実際の肉体ではなくて、ハンガーなのよ。許せる?

もしも、余裕があったら、着物の魅力を見直してみてもいいと思う。着物は、着物一式を揃《そろ》えるところから、着るまでの準備、髪の始末、着付け、着ている間の立ち居振る舞い、後始末まで、生半可な教養ではとても装《よそお》うことができない被服文化である。私自身は、これらのすべてを母から受け継がなかったら、とても手を出せなかった。季節や場に合った着物を姿よく着ているということは、それだけの教養がある女だということを証明することになる。国際的には大人気の民族衣装でもある。運良く、着物のたしなみのある母親を持っているなら、一度、教えてもらってみてはどうだろう。

オトナの女は、大切にされるべきだ。大切にされるクセのようなものを身に付けるために、最初はかたちから入るのも手なのである。女は肩書きがなくたって、気品のあるかたちをしていれば、公的な場所で軽んじられることがない。レストランで案内されるテーブルが変わってくる。高級な装いの女性を、入り口近くに座らせるわけにはいかない、粗相があってはいけないからね。

良い席に座れば、店側が見やすい位置なので、行き届いた対応をしてもらえることになる。行き届いた対応をしてもらえば、こちらも自然に微笑《ほほえ》んでお礼を言うことになる。気品のある装いと、立ち居振る舞い。こういう女性客は、どんな調度品よりも店の格を上げてくれるので、ほんとうの上客になる。かたちは、馬鹿《ばか》にできないのである。

まとめようか。女は三十代のうちに、①自分の心の鏡でものごとを見る、②経済的に少し気張っても気品のかたちに挑戦してみる、③大切にされるクセをつける、の三つは経験しておこう。

最初は、何も変化が起こらないように見えるが、やがて、周囲がゆっくりと変わってくる。大切なものだけが、身の周りに残るようになる。

私は、そうやって、四十代を生きている。触れ合ってひたすら気持ち良い男の傍で、静かに暮らしている。もう、自分を探すこともない。彼の気持ちを探る徒労もない。まだ女としての時間も十分楽しめる。そんな、人生の最も優雅な時間だ。満ちてゆく時間、である。

さて、ここで復習しておくことがある。

三十代までに自分の気持ちを十分に見つめ尽くし、自分の中に美しい真珠のような核（自我）を確立できるのは、女性脳だけである。女は、ものごころ付く前から、自分を見つめ続けているからね。

男が自分の気持ちを見つめることができるようになるのは、ようやっと三十代の後半に入ってからだ。したがって、同世代のパートナーは、しばらくは人生のロイヤル・ボックスにやってこない。下の舞台で、まだまだスポットライトにこだわっているはずである。

女たちが四十代の輝かしい時間をほんとうに分かち合えるのは、女友達か、ずっと年上の敬愛できる男性に限られる。自分がつかみかけた人生の本質を、同世代の夫や恋人に投げかけても、けっして受けとめてはもらえないのである。男と女の永遠の溝は、ここにもある。

けれど、そのことで、彼らを見限るのは勿体《もったい》ないと思う。やがて、ずっと後れて、大切な男たちも「自分の気持ち」に出会うようになる。思春期前夜に封印した場所が開かれるのである。封印のとき寄り添っていた彼の母親は、もう母性の役を果たせない。

四十代の女は、愛するひとが仕事に夢中で、自分をないがしろにするのを、しばらくは黙って見守らなくてはならない。そうして、やがて彼が自我に再び出会ったとき、母性という油膜で守ってあげなければならない。手のかかる息子を、もう一人育てるようなものである。

私の大好きなひとは、他の同世代の男よりはずっとオトナだけれど、今のところビジネス・ゲームに夢中で、彼自身の自我を置き去りにして興奮して飛び回っている。彼は、物理的には、ほんの隙間《すきま》の時間しか私の傍にいないし、私たちの交わすことばは極端に少ない。私は彼が日常何を食べているか把握していないし、彼は私に起こる日常の事件を何も知らない。

けれど、問題はない。彼の見た目も声も、触れた感触も、とても気持ちいいから、私は満たされている。私が満たされていれば、彼は、私から離れない。

そうして人生の終盤、このひとが、自我の真珠を探し当てたときも傍にいて、やわらかく抱きしめてあげたいと、私は思う。まずは、彼の母親の代わりに、次に快楽を分かち合った女として、最後に無二の親友として。

こんないい女、そうはいないと思うけれど、長男体質の彼は、私を妹扱いして保護者のように振舞う。私が何か言ったたって、世間知らずのお嬢さん扱いをして聞く耳を持たないし、そもそも、私の書く文章を真面目《まじめ》に読んだこともないのである。文脈が濃すぎて、うへぇ、という気分になるのだそうだ。

彼がこの文章を読むことは、あったとしても優に二十年は後だろう。私が死んだ後に、泣きながら読んだって遅いんだからね、とちょっとは思うけれど、「ま、それもいいか。気にしない」が総論。二〇〇三年の今現在、私は確実に満たされていて、このひとと共にある。

満ちてゆく、という女性脳の愉楽に、男の役割は重くて、軽いのである。

結び

この本は、二〇〇三年に『LOVE BRAIN』という名の単行本で刊行したものです。当初は、三十~四十代の女性向けに書き下ろしたものでした。

ところが実際には、かなり幅広い年齢層の方々から、温かいお便りをいただきました。最高齢は七十九歳の女性の方。「今日まで五十五年余、口数の少ない主人を傲慢《ごうまん》な人と憎んで暮らしてきました。けれど、男女脳の違いを知り、主人の誠実を理解しました。今日、初めて、この人が愛《いと》おしいと思えました。これからは、主人との時間を大切にしてまいりたいと存じます」とありました。しなやかな美しい女文字の方ですから、おそらく、男の朴訥《ぼくとつ》を悲しいとは思いながら、ご主人を立てて生きてこられたのでしょう。その、一人で耐えてこられた時間の長さを思うと、泣けてしかたがありませんでした。

でもね、ご主人もきっと、いわれのない場所で、奥様にちょっと冷たくされてきたはず。今日から大切にしてもらえるそうで良かったですね、と心から思いました。

ご主人は、誠実に妻を愛して生きてきたつもりなのに、その誠実さが妻を傷つけているなんて、きっと思いもよらなかったと思います。ご主人が奥様のお手紙を知ったら、きっと、びっくりなさるでしょうね。

私が、男女脳の違いに気がついたのは、人工知能（AI）の研究に携わっていたときでした。ロボットの対話機能を開発するために、ヒトは対話でどのように満たされていくのかを解析していて、「あれ？」と思ったのです。男と女では、満たされる対話、すなわち好みの対話のスタイルが違う、ということに気づいたのでした。どんどん追求してゆくと、男と女ではそもそものの見方が違う、ということにたどり着きました。下手すると、女性向けのロボットと男性向けのロボットを作らなければ、ロボットはヒトと幸せに共棲《きょうせい》できないという結論に達し、こりゃおおごとだ、と気づきました。

だって、ということはつまり、そもそも男と女が幸せに共棲しているかどうか、という究極の命題にぶつかるわけですから。

数年に及ぶ研究の結果は、あ～あ、でした。男たちはこんなにも誠実なのに、妻に鈍感だと思われている。女たちは、ありもしない男の本音を探って、一人で泣いている。どちらもかわいそうでした。ひとりでも多くの女性に幸せになってもらいたいので、この話、学会で発表するより一般書にしたいと願い、単行本が出来上がりました。ほどなくして、新潮社の三室洋子さんが、「新潮文庫にしませんか」と誘ってくださいました。「えっ、新潮文庫って、あの学校の図書館に並んでいた、あの歴史ある新潮文庫ですか？」「はい、その新潮文庫です」

つまらない論文になるはずだった話が、単行本になっただけでもありがたかったのに、新潮文庫の一冊になるなんて、私の人生最大の驚きです。けど、それだけ、「男と女の間の深い川」に臍《ほぞ》を噬《か》んでいる男女がいる、ってことなのでしょうか。

改めて、この本を最初に誕生させてくださったPHPエディターズ・グループの北村緑さん、男性も手にとりやすい文庫にしあげてくださった三室洋子さんに感謝申し上げます。

この本が、無数の「男と女の間の深い川」のうちのいくつかに、可愛《かわい》い橋をかけてくれることを心から祈って、読者のみなさまへの感謝の気持ちにかえたいと思います。

平成十七年十二月

解説「男子の本懐」

横　内　謙　介

早く伊保子さんを立派にエスコートできる大人の紳士にならなくてはならぬ。それは密《ひそ》かに温め続けている人生のテーマだ。

実はすでに1年半前に、お食事でも、と約束を交わしている。

なのに未《いま》だに約束が果たせていない。言い出したのは私であり、男子としてはすぐに段取って実現に向かうべきであったのだが、何というか、怯《ひる》んでしまったのだ。

約束をした時は、伊保子さんのことをよく知らなかったのである。しかしその後、多くの情報に触れるうちに、この人がただならぬ人物であることを知ってしまったのだ。

そもそものキッカケは、ちょっと良い感じの偶然の再会であった。

ある雑誌で書評を担当していて、たまたま書店で手に取った本書に感銘し、ささやかな紹介文を書いたのである。男と女の違いを語る本は珍しくはないけれど、論理と感性が絶妙にブレンドされた文体がステキだと思った。

科学的な話のはずなのに、いつの間にか「春はあけぼの〜」みたいな日常のささやかな発見と幸せを、ゆったりと聞かされてるような心地にさせられる柔らかい女言葉の魔術。

正直に告白すれば、私は強気なインテリ女性が賢《さか》しくもの申す姿を見ていると、黙っておれ、と毒づきたくなる了見の狭い古典的男子である。それが手放しで、何と聡《そう》明《めい》で品が良くて可《か》愛《わい》い人だろうと一目《ひとめ》惚《ぼ》れしてしまった。

文章を読んで一目惚れするなんて、滅多にあることではない。

まんまと伊保子先生の男子脳操作の術中にハマったというべきか。まあ、私のような単純な男性脳をくすぐるなんて、先生には毎日のお仕事より容易《たやす》いことではあろうが。

ただその時、ハマりついでに、余計な一言まで付け足してしまった。

この著者に恋をした、と。

名は敢《あ》えて秘すけど、巻頭から読者のページに至るまで、基本的に社会の不正に対して憤《いきどお》る姿勢だけで貫かれた今時珍しい正義派の雑誌である。書評のページも基本的に怒りと嘆きで統一されている。その中にあって本書に対して私が捧《ささ》げた一文は明らかに場違いに浮ききっていて「パンがないなら、ケーキを食べればいいのに」みたいなバカな王子の独り言のようだったと思う。今思い返しても赤面の至りである。

しかし、そんな私に共感してくれる男性脳も少なくないはずだ。

そりゃ誰だって好きになるよ。これを読めば。だって我々のことをこんなに分かってくれる女性が他にいますか。

会話に上の空でテレビ見てても、いい年こいてミニカー集めに大金叩《はた》いても、この人の頭の中には、そういう脳味噌《のうみそ》しか詰まってないのだから仕方ないと理解してくれるのだよ。私の大好きな人、なんて言って微笑《ほほえ》んでくれるのだよ。

この本には、分かってない男性に対する的確なアドバイスがたくさん書いてあるけど、それ以上にこの本全体が女性にとって、良い手本になっている。

たとえばこの本の要点を丸暗記して、デート毎《ごと》に一章ずつ自分の意見みたいにカレシに語ってご覧なさい。

大多数のカレシが、あなたとずっと一緒にいたいと思うようになるだろう。思わないカレシはたぶん脳梁《のうりょう》が太いのだ。

何しろ私なんか、冷静であるべき書評の中で、この女性に愛の告白をしてしまったのだからね。脳梁の細い単細胞には、絶対に効く。

とは言っても、私もまさかその言葉がご本人にまで届くとは思っていなかった。しかも思いも寄らないメッセージまで受け取ることになるとは。

思いがけず書評を読んでくれた伊保子さんから、お礼のお手紙を頂いたのだ。そこには意外なことが書かれていた。

あなたは、私をご存じなかったかもしれないけど、私はあなたをずっと以前から存じていましたのよ。それがこんなふうに再会するのですから、おかしなものね、ふふふ……

正確には「ふふふ……」なんてないんだけど、この手紙の場面、私の脳内劇場では、そんな感じに脚色演出されている。

下北沢の定員150人の小劇場でやっていた私の芝居の観客だったというのである。かれこれ20年ぐらい前のことで「劇団善人会議」と名乗っていた頃だ。一公演で千人ぐらいしか観客を集めていなかったはずだ。

その中に、若き日の伊保子さんがいたというのだ。狭く汚い桟敷《さじき》席で、靴を脱いで、膝《ひざ》を抱えて、この才女が私の芝居を観《み》てくれていたらしい。

芝居者というのは、自分の芝居を観てくれる人は無条件に大好きだ。しかも思わぬところでそれを告げられると、驚きと照れ臭さが相まってすっかり舞い上がってしまう。うんと簡単に言えば、愛の告白を受けたような気にさえなっちゃう。しかも私が大きい劇場の仕事をやるようになってからのことならいざ知らず、駆け出しの下北沢時代となると珍しい。

たちまちこのご縁がファンタジーに思えてきた。

そういえば、そんな感じの美しい女性が暗闇《くらやみ》の客席にいたような気がするな。一度、目があったような気もする。あの頃の俺ときたら芝居創りに夢中で、よく覚えてないけれど……

まったく記憶にないのに、そんな手紙を貰《もら》った途端、ムクムクとそんなことがあったような気がしてくる。それも自分が二枚目になってる。まるで寅《とら》さんの妄想のようだ。これもまた細い脳梁が見せる、錯覚マジックなのでありましょうか、伊保子先生？

それはともかく、このようにして私たちは運命的な再会を果たしたのである。

それで是非お会いしてお食事でも、なんぞと軽々しくお誘いのお便りを出してしまったという次第だ。

何しろ相手は私の追っかけだったのだ（いつの間にか、私の脳内劇場ではそうなっている）。ならば頑張ってる伊保子さんの、十数年越しの夢を適《かな》えてあげようじゃないの。

それぐらいの気持ちであった。今思っても、恐れを知らぬ尊大な態度であった。それが伊保子さんの正体を知って、ビビリ始めるのに時間はかからなかった。ちょうどその頃、伊保子さんの快進撃がすでに始まっていて、活躍を頻繁に目にすることになったのである。

著書も読んだ。『怪獣の名はなぜガギグゲゴなのか』とか『女たちはなぜ「口コミ」の魔力にハマるのか』とか、おお伊保子クンの本じゃないの、と最初は軽く読み始めるのだけど、読み終わる頃には、その度に黒川先生、感服仕《つかまつ》りましたと深く頭《こうべ》を垂れさせられた。同時にいろんな雑誌で名前をみかけ、テレビでタレントたちを相手に面白講義をやっている姿なんかも目撃した。作家業だけでなく、何だか分かんないけどすっごくエグゼクティブな雰囲気の株式会社の代表取締役なのだということまで知ってしまった。

すっげえセレブなんじゃん……

そして重大な問題に気付いたのである。

お食事にお誘いはしたものの、こんな作家兼女社長様を、いったいどこにお連れ申せばいいのか。

ちなみに私は有限会社扉座の代表取締役だ。行きつけのお店は劇団の稽古場《けいこば》がある錦糸町《きんしちょう》周辺に集中している。とは言え、まさか錦糸町の焼き肉屋って訳にもいくまい。でも不慣れな銀座の高級店とか予約して、恥かくのは嫌だし……

そんなことをあれこれ悩むうち、だんだん怖くなってきた。そして思ったのだ。

伊保子さんを迎えに行くのは、もっと偉大なオレになってからだ。その時には運転手付きの高級車で伊保子さんの会社の前に乗り付けて、花束を抱えてお迎えに行くのだ、と。

ともかく手柄を立てねばならぬ。女王陛下、その時まで待ってて下され!

そんな大袈裟《おおげさ》なことを考えず、錦糸町の泥が付いたスニーカーで、やあ、どうも!とか行って、フラっと遊びに行ってしまえばいいのに、人一倍、脳梁の細い男である私にはそれが出来ない。

つくづく頑迷な男性脳ホルダーだと思う。ゆったりと解《ほど》け始めているという伊保子さんと比べて、何という成長の遅さか。この男性脳は伊保子さんの予言通り、四十の半ばを越えようとしているのに、未だ等身大の自分を冷静にみつめることが出来ず、下の舞台でスポットライトにこだわっているのである。

男はバカだね。そんで、つらいよ。

でもね、相手のことを本当にステキだと思うから、きっと普通以上に男性脳が働くんだよね。

何かもう全面的に降参しちゃって、社長さん奢《おご》ってちょーだい！と甘えても、頭の良い伊保子さんは、おおらかに受け入れてくれて、男性が温かい沈黙をくれる女の次に好きだという、さばけたおばちゃんを演じてくれるのかもしれない。

けれどそこで簡単に降参せず、やせ我慢して頑張るところが、男の子の価値だとも思うのである。せっかく脳梁が細く生まれて来たのだから、そういう脳にとって気持ち良いことを追求して生きていかなきゃつまんないじゃないか。

本書の素晴らしいところは、男と女の脳の分解解剖だけじゃなくて、否応《いやおう》なくそういう性能を持たされて不器用に生きてゆく男と女の人生に、温かいエールを送ってくれているところだ。

君はつくづく男の子なんだね。しょうがないひとねぇ。

そんな伊保子さんの言葉に、四十半ばの中年男も励まされるのだ。

だから私もまだ、黒川伊保子を完璧《かんぺき》にエスコートする野望を諦《あきら》めてはいないのである。


（平成十八年一月、劇作家・扉座主宰）

この作品は平成十五年三月ＰＨＰ研究所より刊行された
「LOVE BRAIN」を改題し、大幅に手を加えたものである。

池谷裕二
糸井重里 著

海馬
―脳は疲れない―

脳と記憶に関する、目からウロコの集中対談。「物忘れは老化のせいではない」「30歳から頭はよくなる」など、人間賛歌に満ちた一冊。

竹内久美子著

男と女の進化論
―すべては勘違いから始まった―

女のシワはなぜできるか、背の高い男ばかりなぜもてるか、男はなぜ若い女に弱いか――日ごろの疑問が一挙に氷解する「目から鱗」本。

岡田節人
南伸坊 著

生物学個人授業

恐竜が生き返ることってあるの？　遺伝子治療って何？　アオムシがチョウになるしくみは？　生物学をシンボーさんと勉強しよう！

多田富雄
南伸坊 著

免疫学個人授業

ジェンナーの種痘からエイズ治療など最先端の研究まで――いま話題の免疫学をやさしく楽しく勉強できる、人気シリーズ第2弾！

茂木健一郎著

脳と仮想
小林秀雄賞受賞

「サンタさんていると思う？」見知らぬ少女の声をきっかけに、著者は「仮想」の謎に取り憑かれる。気鋭の脳科学者による画期的論考。

竹内薫
茂木健一郎 著

脳のからくり

気鋭のサイエンスライターと脳科学者がタッグを組んだ！　ニューロンからクオリアまで、わかりやすいのに最先端、脳の「超」入門書！

河合隼雄
吉本ばなな著

なるほどの対話

個性的な二人のホンネはとてつもなく面白く、ふかい！ 対話の達人と言葉の名手が、自分のこと、若者のこと、仕事のことを語り尽す。

河合隼雄
南伸坊著

心理療法個人授業

人の心は不思議で深遠、謎ばかり。たまに病気になることも……。シンボーさんと少し勉強してみませんか？ 楽しいイラスト満載。

西岡常一
小川三夫著
塩野米松

木のいのち木のこころ
〈天・地・人〉

〝個性〟を殺さず〝癖〟を生かす——人も木も、育て方、生かし方は同じだ。最後の宮大工とその弟子たちが充実した毎日を語り尽す。

瀬名秀明
太田成男著

ミトコンドリアのちから

メタボ・がん・老化に認知症やダイエットまで！ 最新研究の精華を織り込みながら、壮大な生命の歴史をも一望する決定版科学入門。

桜沢エリカ著

贅沢なお産

30代で妊娠、さあ、お産は？ 病院出産も会陰切開もイヤな人気漫画家は「自宅出産」を選んだ。エッセイとマンガで綴る極楽出産記。

さくらももこ著

そういうふうにできている

ちびまる子ちゃん妊娠!? お腹の中には宇宙生命体＝コジコジが!? 期待に違わぬスッタモンダの産前産後を完全実況、大笑い保証付！

恋《れん》愛《あい》脳《のう》

－男心と女心は、なぜこうもすれ違うのか－

新潮文庫　く-29-1

平成十八年三月一日発行
平成二十二年二月二十日十二刷

著者　黒《くろ》川《かわ》伊《い》保《ほ》子《こ》

発行者　佐藤隆信
発行所　株式会社 新潮社
郵便番号　一六二―八七一一
東京都新宿区矢来町七一
電話 編集部(〇三)三二六六―五四四〇
読者係(〇三)三二六六―五一一一
http://www.shinchosha.co.jp

価格はカバーに表示してあります。

乱丁・落丁本は、ご面倒ですが小社読者係宛ご送付ください。送料小社負担にてお取替えいたします。

印刷・三晃印刷株式会社　製本・株式会社大進堂

ISBN978-4-10-127951-0 C0111